PARIS NOUVEAU

ET

PARIS FUTUR

PARIS. — IMP. SIMON RAÇON ET COMP., RUE D'ERFURTH, 1.

PARIS NOUVEAU

ET

PARIS FUTUR

PAR

VICTOR FOURNEL

> Je ne désespère pas que Paris, vu à vol de ballon, ne présente aux yeux cette richesse de lignes, cette opulence de détails, cette diversité d'aspects, ce je ne sais quoi de grandiose dans le simple et d'inattendu dans le beau, qui caractérise un damier.
> (V. Hugo, *Notre-Dame de Paris*.)

PARIS
JACQUES LECOFFRE, LIBRAIRE-ÉDITEUR
90, RUE BONAPARTE, 90
LYON, ANCIENNE MAISON PERISSE FRÈRES
RUE MERCIÈRE, 47, ET RUE CENTRALE, 54

1865

AVANT-PROPOS

La loi reconnaît à tout citoyen le droit de critiquer, comme il l'entend, les actes de l'autorité; l'administration pousse la bienveillance jusqu'à l'inviter à le faire. Une circulaire célèbre a confirmé et étendu ce droit, en exhortant spécialement les préfets à ne point redouter le contrôle public, qui n'a désormais d'autres limites que le respect de la constitution et de la dynastie. Rien, dans ce modeste volume, ne touche de près ou de loin à ces hautes sphères, où je n'ai pas l'habitude de me hasarder. Je borne mon ambition à discuter les faits et gestes, non pas même du pouvoir, mais de l'édilité parisienne, et je le fais beaucoup moins au point de vue politique, qui n'est pas mon affaire [1], qu'au simple point de vue artistique et pittoresque, qui a bien aussi son prix, ne fût-ce que pour montrer ce que valent des travaux qui ont coûté si cher. Je ne suis qu'un critique, — peu de chose, moins que rien, — protestant, avec une plume qui ne fera pas de barricades, contre l'idéal d'une municipalité souveraine, qui est libre de ne pas l'écouter, et qui, j'en suis sûr, usera de cette liberté comme j'use de la mienne. Je suis le cri plaintif et impuissant de Paris qui s'en va contre Paris qui vient.

[1] Pour les côtés politiques, administratifs et financiers de la question, qu'on me permette de renvoyer, en toute humilité, et avec le sentiment profond de mon incompétence, aux discussions de la Chambre, aux articles de la plupart des journaux, et notamment aux travaux remarquables où M. Ferdinand de Lasteyrie a creusé bien des faces de ce vaste sujet, que la différence de mon cadre me condamnait à effleurer seulement

Non que j'espère en aucune façon convertir l'administration à mes idées : je ne suis pas si naïf. J'ose à peine espérer d'être lu. Mais ce n'est plus mon affaire, et j'aurai mis du moins ma conscience d'artiste et d'archéologue en repos.

Toutefois, malgré l'évidence du droit, il convient d'aborder cette matière avec précaution. M. le préfet de la Seine n'est point avare de ses *communiqués* : il en produit autant que de nouvelles voies, et quelquefois il les fait presque aussi longs que la rue de Rivoli[1]. Les décisions de la commission municipale ont un protecteur chevaleresque et tout-puissant qui, non content de les convertir en œuvres, avec une rapidité littéralement foudroyante, ambitionne de joindre l'assentiment moral de ses administrés à leur soumission matérielle, et de les imposer à leur

---

[1] Voir, en particulier, plusieurs des innombrables *communiqués* adressés à *l'Opinion nationale* et au *Journal des Débats*. M. le préfet s'entend mieux que pas un à se faire une tribune de celle de ses adversaires.

admiration comme à leur volonté. Il est difficile aujourd'hui de parler de Paris sans que, des plus hautes régions de la magistrature urbaine, parte une voix qui demande, je veux dire qui prenne la parole pour un fait personnel; et l'on doit chercher d'adroites circonlocutions pour arriver à dire que la mairie de Saint-Germain-l'Auxerrois ne vaut peut-être pas Notre-Dame, et que la fontaine Saint-Michel ne paraît pas tout à fait à la hauteur de l'ancienne fontaine des Innocents. Cela prouve, du reste, que M. le préfet de la Seine aime la discussion ; nous l'aimons aussi, et nous ne demandons pas mieux qu'on nous réponde, pourvu que ce ne soit pas en nous fermant la bouche. Nous avons peu de goût pour ce système de riposte qui consiste à foudroyer l'adversaire à son aise, après avoir pris la précaution d'enclouer ses batteries, et nous ne tenons pas plus à le subir que nous ne tiendrions à l'imposer.

Ici, qu'on nous permette une réminiscence classique. Quand un général romain montait au Capitole, loin de s'inquiéter des quelques voix discordantes qui se mêlaient aux acclamations de la foule, il voulait les entendre, et les réclamait au besoin comme un assaisonnement du concert. On organisait une opposition par ordre derrière le char du triomphateur. C'était là, sans doute, un raffinement de sensualité païenne qui serait aujourd'hui déplacé, et je ne demande pas qu'on le ressuscite ; chacun sait bien, d'ailleurs, que cette résurrection serait impossible. Mais, à une époque où nous avons emprunté tant de choses à l'histoire du peuple qui a produit Jules César, le souvenir m'a paru tout à fait de mise.

Les Parisiens, dit-on, admirent beaucoup leur nouvelle ville; on assure que les étrangers nous l'envient ; les provinciaux nous apportent leur extase de tous les bouts de la France. J'ai lu dans *le Constitutionnel*, et dans plusieurs journaux également accrédités, auxquels un publiciste fameux a prêté récemment un concours inattendu, que la transformation de Paris est le miracle du siècle; il est d'usage de n'en point parler, dans les cantates et dans les discours qui ont gardé la tradition du grand style oratoire, sans y joindre l'épithète de *prodigieuse*, ou tout au moins d'*admirable*. Dernièrement, un homme d'esprit, en une comédie fameuse applaudie deux cents fois de suite sur un de nos premiers théâtres, faisait des embellissements de Paris son argument le plus victorieux contre les *ganaches* qui s'obstinent à nier le progrès de toutes choses et les charmes particuliers de l'époque actuelle. Contre un si rare accord qu'est-ce que la voix d'un contribuable obscur, qui n'est pas même fonctionnaire? Je suis honteux d'opposer à cette mer d'enthousiasme le grain de sable de ma critique. Mais, puisque j'ai le malheur d'être une de ces *ganaches* que l'argument ne suffit pas à convaincre; puisque j'ai le mauvais goût de ne point me trouver d'accord avec l'esthétique des cantates et du *Constitutionnel*, j'aurai du moins la franchise d'avouer ce ridicule, sans chercher à l'atténuer, et de me punir de mes torts en les expiant par une confession publique et sincère.

PARIS NOUVEAU
ET
PARIS FUTUR

PARIS NOUVEAU

I

COUP D'ŒIL GÉNÉRAL

Il y a quatre cents ans, lorsque Quasimodo, accoudé sur la balustrade des tours de Notre-Dame, regardait Paris étendu sous ses pieds, voici ce qu'il voyait : un océan de toits aigus, de pignons taillés, de clochetons sculptés, de tourelles accrochées aux angles des murs ; un luxuriant fouillis de pyramides de pierre, d'obélisques d'ardoises, de donjons massifs, de tours aériennes, de flèches brodées en dentelles; un labyrinthe fourmillant et profond, où se confondaient dans un harmonieux pêle-mêle les devantures sculptées, les fenêtres historiées, les portes enjolivées, les solives curieusement ouvrées, les murailles crénelées, les églises aux grands porches ogivaux surchargés de statues, les hôtels somptueux et sévères avec leurs forêts de cheminées, de girouettes, de sveltes aiguilles, de pavillons, de herses de fer, de lanternes découpées à jour, d'arabesques étincelantes, de vis, de spirales, de gargouilles et de tournelles en fuseau. Un inextricable enchevêtrement de ruelles serpentait d'un bout à l'autre de la ville, faisant à travers les hautes maisons pittoresques des percées capricieuses et charmantes, ménageant aux regards des perspectives infinies, où l'imprévu naissait et renaissait à chaque pas; mêlant sans cesse, dans le plus amusant amalgame, le hideux à la grâce et le grandiose au burlesque.

Par ces mille voies sinueuses marchait une population bariolée de bourgeois en robes de laine, de seigneurs en robes de drap d'or, de magistrats et de prélats en robes de soie, embéguinés de velours et d'hermine ; d'archers et de sergents de la prévôté, en hoquetons, côte à côte avec les truands de la cour des Miracles ; de jongleurs en bas rouges menant un ours en laisse ou une truie savante attelée à son rouet ; de trouvères, la harpe au dos et le tabourin pendu à la ceinture. Ici, une confrérie s'avançait, la bannière du patron en tête ; là, un chapitre portait en procession la châsse de son saint ; plus loin les chefs d'une corporation se rendaient au lieu de leur séance, escortés des compagnons en grand costume, et précédés de la bande joyeuse des ménétriers. Partout les écoliers turbulents de l'Université animaient la ville de leurs cris, de leurs rixes et de leurs fêtes. C'était un éblouissement, un rêve, souvent un cauchemar. Un grand poëte a décrit ce spectacle magique et prestigieux que présentait chaque jour le Paris du moyen âge, et je serais fâché qu'on pût croire que j'ai voulu recommencer la description après lui.

Aujourd'hui, lorsque M. Prudhomme, propriétaire, électeur, expert juré et capitaine de la garde nationale, monte au sommet de la colonne Vendôme, escorté de sa famille, et qu'il promène ses regards majestueux sur Paris, il voit sous ses pieds s'aligner à l'équerre, s'allonger au cordeau, une ville auguste et majestueuse comme lui. Les étroites et bizarres ruelles de la vieille cité sont devenues de larges *artères*, croisées à angles droits, le long desquelles une population correcte circule au pas d'ordonnance, sous le regard paternel et satisfait des sergents de ville. Il entrevoit dans le lointain des colonnades grecques et romaines, des gares solennelles, des halles classiques, de modernes églises gothiques, qui rappellent le moyen âge comme l'auteur d'*Alonzo* rappelait Chateaubriand; la Bourse, qui ressemble à la Madeleine, et la Madeleine, qui ressemble à la Bourse; des auberges qui singent des palais, des palais qu'on prendrait pour des auberges, des cafés suisses, mauresques, renaissance, turcs et chinois, et, couronnant le tout, des casernes monumentales, qui sont comme les phares de cette mer d'édifices, et les signes particuliers de la haute civilisation à laquelle nous sommes parvenus. Partout s'épanouit dans sa fleur ce beau style municipal et administratif, destiné à faire l'admiration des chefs de bureau. Partout flamboie sobrement et réglementairement une architecture égalitaire de stuc et de plâtre, où rien ne dépasse le niveau, où pas une pierre ne fait angle et ne sort du cadre : un de ces idéals d'architecture tel qu'en peut rêver un préfet de police dans ses songes les plus désordonnés.

La forêt touffue du vieux Paris a été émondée, taillée, rognée, peignée et lissée, comme le jardin de Boileau par son *gouverneur* Antoine, comme le parc de Versailles par le Nôtre et la Quintinie. L'édilité moderne, pour parler la langue officielle, a fauché à tour de bras la sombre forêt, pleine de ronces et de broussailles ; puis elle l'a proprement taillée en losanges, en pyramides, en quinconces et en plates-bandes. La France, pays turbulent et fougueux, est possédée par la rage de l'élégance et de la correction classique. Elle n'a jamais assez de gouvernement, cette nation qui passe pour révolutionnaire, et qui l'est par soubresauts et par brusques réveils : il lui en faut dans ses arts comme dans ses mœurs, dans ses maisons comme dans ses lois. La toilette de Paris est devenue une question de cadastre administrée par des arpenteurs, et centralisée entre les mains d'une bureaucratie inflexible, une sorte d'appendice matériel aux articles du code Napoléon. La grande ville s'est disciplinée à la façon d'un régiment sous la main de son colonel ; ses maisons font la haie, rangées de front par ordre de taille, échelonnées par uniformes, soigneusement astiquées du haut en bas, comme des soldats à la parade. Les bourgeois pour qui c'est une suprême jouissance de contempler au Champ de Mars des fantassins alignés à perte de vue, tous les mêmes, restant debout trois heures en plein soleil sans broncher d'un millimètre, sans que l'œil du caporal le plus rigide puisse distinguer l'ombre d'une différence dans les plis des guêtres, la direction du fusil ou l'expression des physionomies, ceux-là doivent trouver aussi ce spectacle admirable, car il présente à peu près la même opulence de lignes et la même variété d'aspects. Nous n'avons plus qu'une rue à Paris : c'est la rue de Rivoli. Non contente d'avoir poussé sa trouée jusqu'au bout de la ville, elle reparaît partout, en se déguisant sous une multitude de noms. Encore un peu de temps, et nous n'aurons plus de rues : il n'y aura plus que des *boulevards*.

Paris, au moyen âge, c'était un drame de Shakespeare : Paris, aujourd'hui, c'est une tragédie de M. Viennet, corrigée par S. E. le maréchal Magnan ; ou, si on l'aime mieux, c'est un poëme épique revu par un professeur de grammaire. Sans mépriser les tragédies de M. Viennet, je préfère les drames de Shakespeare : j'espère que M. Viennet ne s'en offensera pas. On a opposé souvent avec complaisance Paris, la ville de marbre, à Lutèce, la ville de boue; mais il y avait bien des perles dans cette boue, tandis que ce marbre n'est parfois que du bois peint et du carton-pierre. Du reste, qu'on veuille bien le croire, je sais mesurer mes regrets, et me voici tout prêt à avouer qu'il en est probablement de ce Paris du moyen âge, — tant pleuré par les artistes, tant chanté sur la lyre et le mirliton par les faiseurs de poëmes et de romances, — comme de Cologne, de Constantinople et de beaucoup d'autres villes, qui sont belles surtout à distance, vues de loin ou de haut, et à la condition qu'on n'y entre point. Mais à chaque pas, au fond de ses ruelles sombres et sales, autour de ses places étroites et encaissées, à l'angle d'un carrefour ou d'un cul-de-sac immonde, étincelait tout à coup un bijou architectural qui, de sa vive lumière, éclairait joyeusement ces ténèbres. On pouvait, ce me semble, respecter les bijoux en changeant leurs écrins, et balayer la boue sans enlever les perles.

D'un autre côté, en faisant le procès du nouveau Paris, je suis le premier à lui accorder les circonstances atténuantes. Il a été ingrat et oublieux, comme un parvenu, pour l'antique cité qui l'a porté laborieusement dans ses flancs ; mais il faut lui tenir compte de ce qu'il a fait de bon et de beau. Il a donné de l'air et de la lumière à ses habitants ; il a ouvert ses portes au soleil, gratté la lèpre qui rongeait depuis des siècles ses plus hideux quartiers, secoué la vermine dont son épiderme était dévoré. Paris nouveau a tracé çà et là quelques promenades, a ouvert des squares, a dégagé des monuments : en élargissant ses rues, en déblayant ses quais, en jetant bas ses masures et ses cloaques, il a pourvu à son hygiène matérielle et à son hygiène politique ; il a travaillé du même coup contre la peste et contre les révolutions. C'est bien, mais ce n'est pas tout ; l'hygiène est une excellente chose, l'art aussi : il serait bon de les combiner ensemble, au lieu de les opposer. Je ne nie point en certains cas tout le charme de la ligne droite ; je voudrais seulement qu'elle entrât au besoin en compromis avec la ligne courbe, qu'on ne s'obstinât pas à croire la perspective plus inviolable que l'histoire, et que messieurs des ponts et chaussées daignassent avoir quelques égards pour les chefs-d'œuvre gothiques du pauvre bon vieux temps. C'est ici tout simplement une question de mesure, de civilité et de bon goût.

Il n'y a plus que trois endroits dans Paris où l'on puisse retrouver une ombre de la physionomie disparue : la montagne Sainte-Geneviève, la Cité et le Marais. Je passais l'autre jour par la rue Vieille-du-Temple, et mon cœur d'antiquaire était réjoui. Après avoir dépassé la rue des Blancs-Manteaux, dont le nom me transporta un moment à quatre siècles en arrière, je m'arrêtai un quart d'heure dans la crotte, coudoyé par les beurrières et les garçons bouchers, pour contempler d'un œil attendri la jolie tourelle brodée d'arabesques qui fait l'angle de la rue des Francs-Bourgeois. Ce n'est pas assurément un rare chef-d'œuvre, mais il reste si peu de tourelles aujourd'hui à Paris ! La première fois que je passerai par là, il est probable qu'elle n'y sera plus.

Prenons Paris tel qu'on nous l'a fait, ou défait : les lamentations des *vieux partis* n'y changeront rien. Le mieux est de s'accommoder du présent, en tâchant de se préparer à l'avenir, et sans prodiguer au passé de stériles regrets. C'est cette nouvelle ville que je me propose de parcourir avec soin pour en dire, à mon goût et sans parti pris, le bien et le mal, les embellissements et les enlaidissements. Je puis promettre d'être juste, mais ce ne sera pas ma faute si la justice me force plus souvent à condamner qu'à absoudre.

II

LES RUES. — PLAN STRATÉGIQUE DU NOUVEAU PARIS

Après ce coup d'œil général du haut des tours de Notre-Dame, descendons dans la rue, et vérifions en détail cette première vue d'ensemble.

Cet examen ne va pas sans difficulté, et quelquefois sans péril. La mue de Paris, commencée depuis douze ans, est une opération laborieuse et compliquée. Le monstre s'épuise en efforts, il crie, il geint, il se débat, il remplit l'air du fracas de ce rude travail, et couvre au loin le sol des débris de sa vieille peau.

Celui qui veut admirer le Paris nouveau doit

donc se résigner à acheter son admiration au
prix qu'elle mérite. Il est condamné au spectacle
indéfiniment prolongé de la coulisse et à tout ce
tripotage des machinistes que la toile de fond
cache à l'Opéra. Il trébuche aux amas de décombres entassés dans tous les coins ; il se heurte
aux ouvriers effondrant une masure ou un palais
à coups de pioche, faisant pleuvoir les pierres,
ou attelés à une corde et tirant à grands cris
un pan de mur, qui s'écroule dans un tour-
billon de poussière, avec un mugissement d'a-
valanche. Il rencontre des myriades de maisons
décapitées, éventrées, coupées en deux, s'affais-
sant dans la cave, trahissant par les fenêtres bri-
sées ou les murailles abattues tous les secrets de
leur aménagement intérieur, zébrées de ces raies
noires et sinistres que laissent derrière eux les
conduits des cheminées, et qui semblent le signe
de ralliement des démolisseurs, — espèces de
cadavres branlants, mi-debout, mi-couchés, rési-
gnés à l'abattoir, et dont l'aspect attriste l'âme
et les yeux. Il faut à chaque pas manœuvrer, se

courber, faire un détour, frôler les maisons ou prendre le milieu de la chaussée, écouter un *gare!* éviter à ses pieds un tas de moellons ou de mortier; à ses côtés, une charrette, un cheval, un maçon tout blanc de plâtre; sur sa tête, les pluies de tuiles ou de badigeon; et ainsi toujours esquivant, enjambant et regimbant, savourer jusqu'à la dernière note cet abominable concert formé du grincement de la *truelle Berthelet* sur la muraille, de l'aigre cri de la scie sur la pierre, de la petite chanson agaçante du cric et du cabestan, et des jurements enroués des Limousins.

Les rues de Paris sont en déménagement perpétuel comme ses habitants. Là où il y en avait hier cinq ou six, il n'y en a plus une seule aujourd'hui; là où il n'y en avait pas hier, en voici maintenant cinq ou six. Des maisons s'élèvent sur l'emplacement des anciennes voies; des voies nouvelles font leur trouée à travers des pâtés de maisons jetées bas. De toutes parts les avenues s'avancent au pas de charge, bouleversant, culbutant, nivelant tout sur leur passage; les boulevards font leurs razzias gigantesques, engloutissant les rues par centaines, comme ces monstrueux cétacés qui dépeuplent la mer pour s'arrondir, et ne peuvent ouvrir la bouche sans s'incorporer des myriades de petits poissons. On travaille sur le Paris existant sans plus s'en inquiéter que s'il n'existait pas. Une ville de douze cent mille âmes, laborieusement créée par l'effort persistant de quinze siècles, la première et déjà la plus belle du monde, est comme non avenue, et le Paris nouveau en prend à son aise avec elle, absolument comme s'il avait à se déployer de toutes pièces dans un espace vide. Au lieu de s'accommoder au Paris de Philippe Auguste, de Louis XIV et de Louis-Philippe, de s'associer à lui en se contentant de l'embellir et de le modifier au besoin, il préfère le renverser sans façon, comme ces mottes de terre qu'on écarte ou qu'on broie du pied sur son passage.

Vous avez vu ces fantômes que les physiciens créent et chassent à leur gré avec la rapidité de l'éclair; ainsi les rues apparaissent ou s'évanouissent, pauvres ombres chinoises obéissant au moindre clin d'œil de l'enchanteur M. Haussmann. Et l'instabilité de celles qui vivent n'est pas moindre que l'instabilité de celles qui meurent. Même quand on respecte leur existence, même quand elles ne sont pas rognées ou coupées en deux, même quand on ne les reprend pas pour les prolonger, en modifier la direction ou les élargir, les voies de Paris restent soumises à une mobilité perpétuelle et sont toujours en travail. On les empierre, on en change le niveau, on les hausse ou on les baisse, on déplante ou on replante les arbres, on y installe des pavillons et des vespasiennes, ou bien on les démolit; on expérimente les systèmes les plus divers sur la chaussée et sur le trottoir, on répare l'asphalte, on étend de nouvelles couches de bitume empesté et brûlant; on les éventre pour creuser un égout, on les referme; on les rouvre pour placer une conduite d'eau, on les recoud; on les fend de nouveau pour réparer les tuyaux de gaz, et pendant des semaines entières la rue est sillonnée de tranchées béantes, d'où s'exhalent des miasmes suffocants.

Tel est le premier trouble apporté à la jouissance des admirateurs du nouveau Paris. Il y en a un autre : c'est que la transformation n'est pas encore sans mélange, et que, malgré toute l'ardeur et la bonne volonté de nos magistrats, il reste toujours çà et là quelques débris de la vieille ville qui font tache et attristent le regard. La peau neuve de Paris a des bigarrures qui en détruisent l'unité et l'harmonie. A côté d'une artère de vingt mètres de large, voici une petite ruelle qui n'a pas dix pieds [1]; et derrière ce beau monument

---

[1] Il est difficile, pour le dire au moins en note, de ne point remarquer l'inaction obstinée qui condamne certains quartiers à un *statu quo* dangereux, en contraste avec l'activité fiévreuse et sans bornes qui impose à d'autres des transformations radicales dont ils n'avaient nul besoin. Sur la rive gauche, depuis l'origine des travaux actuels, on réclame en vain l'élargissement des étroites rues Saint-André-des-Arts, Sainte-Marguerite, du Four, du Vieux-Colombier, où l'abondance de la circulation rend les accidents presque journaliers. Mais ce ne serait là qu'une opération utile, modeste et sans gloire : on a préféré prolonger jusqu'au Panthéon la fastueuse inutilité du boulevard de Sébastopol. Comparez aussi l'abandon presque absolu dont se plaint la banlieue annexée, sauf sur deux ou trois points de la rive droite, avec tout ce qui se fait

rectiligne, tout neuf et tout reluisant, on découvre dans le lointain un grand vilain bâtiment noir, sans colonnades, sans chapiteaux, et dont les pierres pourraient rendre de si grands services à la construction d'une caserne! Puis, partout des maisons en ruines, des démolitions commencées, des constructions inachevées, des barrières en bois, des clôtures de planches sales et disjointes, des échafaudages à perte de vue, tout l'appareil de la maçonnerie et de la charpenterie, choses désagréables à l'œil de l'amateur classique qui aime la propreté! Il s'avoue tout bas, en soupirant, qu'il est pénible d'assister à ces détails de toilette, dont il ne faudrait voir que le résultat, et qu'on est obligé de rendre pendant longtemps Paris bien laid avant d'arriver à le faire si beau.

Repassez dans vingt ans, mon ami : la toilette sera terminée, si elle doit jamais l'être. Plus ne

---

au centre de Paris. Ce que la banlieue a gagné jusqu'à présent à l'annexion, c'est l'honneur de payer l'octroi, de voir hausser les loyers et de participer aux charges de Paris sans participer à ce qu'elle prend, de loin, pour ses privilèges. La banlieue ne connaît pas son bonheur.

sera besoin alors d'échafaudages et de clôtures
en planches, parce qu'il n'y aura plus de vieilles
rues ni de vieilles maisons à démolir; et quant
à ces grands vilains bâtiments noirs, qui vous
choquent à juste titre, on n'en gardera que tout
juste ce qu'il faut pour produire un agréable
contraste, une surprise piquante, après les avoir
grattés, nettoyés, blanchis et redorés du haut en
bas. Repassez dans vingt ans, et je vous promets
à chaque pas des rues de trente mètres, des avenues bordées de palais, et des boulevards à bouche que veux-tu.

En attendant, il ne faut pas mépriser les résultats conquis. On fait ce qu'on peut. On nous a
déjà donné une cinquantaine de boulevards nouveaux, sans compter les avenues, qu'il serait difficile de compter, et les rues, qui ne se comptent
plus : les boulevards de Sébastopol et de Strasbourg, de l'Alma, du Palais, de Port-Royal, de
Saint-Germain, du prince Eugène, de Magenta,
de Malesherbes, de l'Étoile et de Monceaux, le
boulevard Beaujon et la rue de Rivoli prolongée,

les boulevards des Trois-Couronnes et de la Santé, les deux boulevards Pereire, les boulevards Saint-Marcel, Arago, Saint-André, Haussmann, Richard-Lenoir, et tant d'autres qui n'attendent que le loisir des maçons occupés ailleurs. Nous en avions quatre-vingt-douze, il y a un an, nous devons en avoir, en y joignant les compléments prochains, plus de cent-vingt aujourd'hui. En vérité, la plume se fatiguerait à ces énumérations homériques, et l'historiographe du nouveau Paris apostropherait volontiers M. le préfet de la Seine, sur le ton de Boileau s'adressant à Louis XIV :

Grand roi, cesse de vaincre ou je cesse d'écrire.

Je ne puis déployer un plan de Paris et y jeter les yeux, sans découvrir de tous côtés des multitudes de larges avenues, nées d'hier ou à naître demain, et que je ne soupçonnais pas, sans m'étonner chaque fois davantage de la quantité de boulevards que peut contenir une capitale. Mais rassurez-vous, lecteur, je sais me borner malgré la contagion de l'exemple, et je me lasse plus vite d'enregistrer les voies nouvelles que M. le préfet de nous en faire.

Impossible d'ailleurs de suivre cette incessante mobilité de Paris. Ce qui est vrai au moment où nous l'écrivons ne l'est plus peut-être au moment où cela s'imprime. On a beau faire et vouloir fixer tous ces changements au vol, ils échappent sans cesse. Le courant vous dépasse, vous déborde, et flue entre les mains qui cherchent à le saisir.

Ces boulevards sillonnent toute la ville du sud au nord, de l'est à l'ouest, et l'embrassent en entier dans un vaste réseau stratégique artistement conçu. Il faut bien le dire : ce qu'on a appelé les embellissements de Paris n'est au fond qu'un système général d'armement offensif et défensif contre l'émeute, une mise en garde contre les révolutions futures, qui se poursuit depuis douze ans avec une infatigable persévérance, sans que le Parisien candide ait l'air de s'en douter. Tout est conçu dans les voies nouvelles à ce point de vue, fort légitime au fond : leur largeur, leur direction, leur position respective, leur point de départ et d'arrivée, tout, jusqu'à la nature du pavage adopté. Nous l'allons montrer aisément.

Qu'on étudie sur une carte le système général des rues neuves de Paris, on s'apercevra bien vite qu'il a été ordonné *a priori* dans le but de dégager les monuments qui peuvent devenir au besoin des centres et des forteresses pour l'insurrection, de couper les quartiers populeux et populaires, de ménager partout des issues inattaquables à la force armée, de mettre largement en communication, par des lignes de circuits ininterrompues, qui s'appuient et se complètent l'une l'autre, toutes les parties de la grande capitale ; de relier enfin, sans laisser la moindre lacune dans l'intervalle, tous les édifices importants à de vastes rues, ces rues aux quais et aux ponts, les quais aux boulevards intérieurs, les boulevards intérieurs aux boulevards extérieurs et aux portes de Paris. Dix ans encore, et il sera impossible de choisir un point quelconque dans un quartier de la ville qui ne soit pressé, englouti, anéanti entre une quadruple rangée de *boulevards* convergeant vers lui à droite et à gauche, devant et derrière, — amples vomitoires, où les régiments pourront se déployer sans obstacles, où l'artillerie et la cavalerie chemineront à l'aise, où le canon, enfilant à pleine gueule ces belles rues toutes droites, tracées à souhait pour lui, fera rafle à tout coup. Une caserne s'élève à chaque point de jonction, et les forts dominent tout cela. Les professeurs de barricades auront désormais bien à faire. Le métier est gâté.

Si je n'admire pas beaucoup, comme on l'a vu, les *embellissements* du Paris impérial, je ne puis trop admirer, en revanche, le plan stratégique suivant lequel ils ont été dirigés. En vérité, c'est à croire que l'architecte en chef de la ville est un officier supérieur du génie militaire, ou que M. le préfet de la Seine a fait ses études à l'École polytechnique et les a complétées à l'École d'application de Metz. Vauban n'eût pas préparé avec plus de soin les opérations d'un siége. Voyez plutôt. Le boulevard Sébastopol, qui traverse tout Paris, en coupant la rue de Rivoli à angle droit, et qui met le palais du Luxembourg en communication avec les quais, les autres boulevards et la gare de l'Est, isole d'un bout à l'autre les deux redoutables rues Saint-Denis et Saint-Martin, tient en respect la Halle et le noyau des ruelles environnantes, et les vieux centres historiques de l'émeute : les rues Aubry-le-Boucher, du Cloître-Saint-Merry, etc. Sur la rive gauche, la partie supérieure de la même voie et le boulevard Saint-Germain, avec la rue des Écoles, lancés à travers le foyer turbulent du faubourg Saint-Marceau, divisent en tronçons et trouent par de larges saignées le repaire des étudiants et celui des chiffonniers. Les barrières de l'École de médecine et de l'École de droit, comme celles de la rue Clopin, sont percées à jour. Il reste encore quelque chose à faire en pleine montagne Sainte-Geneviève : on le fera, gardez-vous d'en douter.

Passons la Seine. Le boulevard Mazas et celu
du Prince-Eugène, qui vont se réunir tous deux à
la barrière du Trône, commandent ainsi au faubourg Saint-Antoine, que la large rue du même
nom coupait déjà par le milieu. Ce boulevard du
Prince-Eugène, qui a recueilli tant de malédictions pour le terrible abatis de théâtres qu'il a
fait à son premier pas, on se fût bien gardé
d'y renoncer, eût-il dû soulever mille fois plus
d'anathèmes encore. Il n'en est pas un seul dans
Paris qui ait été plus adroitement conçu, pas un
qui ait fait plus de besogne d'un coup. Il troue
en plein centre un quartier populeux et remuant, il ouvre et dégage le chemin de Vincennes, où il y a, comme on sait, un très-joli
fort, plein de jolis soldats; il met en rapport la
caserne du Château-d'Eau avec les chasseurs de
la forteresse; enfin il complète de la manière la
plus ingénieuse, après le boulevard Mazas d'une
part, après les boulevards Bourdon et Beaumarchais de l'autre, une combinaison grâce à
laquelle on peut prendre à tête et à queue ce

formidable faubourg, qui se souvient un peu trop d'avoir renversé la Bastille, et l'investir pour monter à l'assaut de ses barricades. C'est une œuvre d'artiste, et l'auteur a dû s'y mirer avec complaisance.

Le point de départ du boulevard du Prince-Eugène s'appuie sur le flanc gauche d'une caserne, placée là à l'intersection de toutes ces grandes voies, comme le temple du *genius loci*. Sur le flanc droit de la même caserne s'appuiera le point de départ du boulevard Magenta : c'est le vieux mythe d'Antée qui reprenait des forces en touchant la terre. Le boulevard Magenta continue celui du Prince-Eugène en ligne droite, et, croisant celui de Strasbourg, il coupe par le milieu d'autres quartiers inquiétants, entre les boulevards intérieurs et les boulevards extérieurs. Ainsi seront dominés et tenus en échec les faubourgs Saint-Denis, Saint-Martin et Poissonnière, et s'établira une communication directe entre la gare de l'Est et la fameuse caserne, centre où tout aboutit, et autour duquel rayonnent toutes les voies, comme jadis autour du forum.

Jetez maintenant les yeux sur l'Hôtel de Ville, le but naturel de tous les émeutiers, le siége de tous les gouvernements provisoires, le point le plus important et le plus disputé de Paris, aux jours de révolutions. Aujourd'hui l'Hôtel de Ville, dégagé de toutes parts, et trois fois pour une, par le quai, l'avenue Victoria et la continuation de la rue de Rivoli, en outre proprement flanqué à l'arrière d'une caserne respectable, ne peut plus devenir l'objet d'une surprise ni d'un coup de main.

Avons-nous besoin de poursuivre la démonstration? Restons-en là. Le lecteur pourrait se lasser de ces explications fastidieuses, qui étaient nécessaires pour établir un point dont ceux-là mêmes qui s'en doutent ne se doutent pas assez. Pas un détail n'a été négligé dans l'ensemble, et le gouvernement a retourné d'avance tous les atouts pour lui.

Ainsi partout l'émeute est déboutée et réduite

en vasselage; partout ses quartiers généraux sont traqués dans leurs repaires et pris entre deux feux. Les nouvelles voies, larges, dégagées, découvertes, s'allongent en lignes droites au lieu de s'arrondir en lignes courbes comme les anciennes, et ce qu'on prend pour un simple amour de la symétrie est de plus un profond calcul stratégique. Celles mêmes qui paraissent tracées sans but direct, cette multitude d'avenues géométriques qui vont à l'aventure, d'ici, de là, à droite, à gauche, se poursuivant, se croisant, partant tout à coup comme des fusées sous vos pieds et courant à perte de vue n'importe où, d'une allure aussi intrépide que si elles allaient quelque part; ces gigantesques boulevards, en particulier, qui rayonnent par douzaines autour de l'Arc de Triomphe et vont tête baissée, à travers ravins et montagnes, aboutir aux endroits les plus extravagants et se jeter dans le vide, concourent encore indirectement à la réalisation du même plan.

A ces causes de déroute pour l'insurrection,

joignez-en une autre, qui a sa valeur : c'est que
le macadam a supprimé le pavé, cet élément
essentiel de la barricade. Voilà ce qui protége
le macadam contre les plus vives et les plus
justes récriminations.

D'ailleurs, je ne suis pas de ceux pour qui
c'est là de tous points une invention dam-
nable, et je le trouve précieux aux jours de soleil, du moins pour les gens qui ont cinquante
mille livres de rentes. Comme la plupart des
transformations de Paris nouveau, il tend à favo-
riser le développement du luxe, en nécessitant
l'emploi et en multipliant par là même le nombre
des équipages. Quant aux piétons assez mal
avisés pour ne pas comprendre les nécessités
d'une ville de luxe, c'est à eux à se garer de la
poussière; et quant aux arbres, ils ont déjà tant
d'autres chances d'asphyxie, qu'une de plus ne
signifie pas grand' chose : il serait bon seulement de les faire épousseter matin et soir. Si
donc il n'y avait que des voitures à Paris et s'il
y faisait toujours beau, il faudrait élever des sta-

tues à Mac-Adam. Mais le climat parisien est aussi variable que la physionomie d'une jolie femme : il n'use du soleil que dans les occasions solennelles, en guise de distraction au brouillard et d'antithèse à la pluie, et l'on sait quelle chose homérique, inénarrable et sans nom, devient le macadam par les jours de pluie.

Le macadam a, de plus, le tort grave d'exiger un continuel entretien de toilette, non-seulement fort dispendieux pour la bourse du Parisien, mais encore plus désagréable à la plante des pieds. Il engloutit des océans de cailloux, qu'il ne rend jamais. Le proverbe populaire : *Pavé de bonnes intentions*, ne peut mieux s'appliquer qu'au macadam, lorsqu'il est neuf ou qu'on le rempierre : j'en appelle à tous ceux qui ont traversé une rue de Paris dans ces dures circonstances. Si l'on ne voulait qu'un terrain égal et doux à la marche, il y aurait mieux que cela, et je conseillerais à ceux que ce soin regarde d'aller faire un tour en Hollande et d'y étudier ce pavage uni et propre comme un parquet, que la pluie même ne fait que laver sans le salir. Mais on veut toute autre chose, et la vraie raison est justement celle qu'on ne dit pas. L'administration a des pudeurs de vierge qui nous étonnent toujours de sa part.

Ainsi donc, sur ce chapitre des transformations de Paris, il serait bon désormais de s'entendre. Qu'on nous parle du réseau stratégique des nouvelles rues, qu'on nous les montre savamment tracées, combinées avec art, comme autant de parallèles, de sapes et de circonvallations, destinées à réduire une place rebelle ; qu'on nous présente le nouveau Paris comme un vaste terrain soumis aux servitudes militaires et abandonné aux opérations des officiers du génie, — gens aimables, d'ailleurs, et qui ne demandent pas mieux que d'agrémenter çà et là leurs travaux par un petit jardin, et de voiler quelquefois leurs tranchées derrière un bouquet d'arbres ou un kiosque, — à la bonne heure, j'admirerai sans restriction. Encore une fois, je comprends et j'admets que le premier droit d'un gouvernement soit de prendre des précautions contre l'émeute. Mais il faudrait avoir le courage du mot propre et ne pas parler d'embellissements plus qu'il ne convient, car alors je n'admire plus du tout.

Ce caractère mathématique des rues se retrouve dans leurs moindres détails. Elles fauchent tout en droite ligne sur le sol comme sur les côtés. Pour éviter une courbe invisible à l'œil et insensible au pied, on fait des percées à travers le terrain comme pour les tunnels de chemins de fer. Un beau jour on taillera en pleine butte Montmartre, on ouvrira une voie géométrique à coups de pics et de sondes en creusant la montagne Sainte-Geneviève, dût-on démolir le Panthéon, ou l'isoler sur une cime, au haut d'un escalier de cinquante degrés. Il y a des maisons, sur les flancs du boulevard Malesherbes, qui sont perchées dans la nue, et aux extrémités de la rue de Rivoli, qui sont juchées sur des trottoirs de huit à dix marches; il y en a eu longtemps, de chaque côté du boulevard de Sébastopol (il en reste quelques-unes) qui semblaient bâties sous terre et extraites des fouilles d'un nouveau Pompéi : le sol était à la hauteur du deuxième étage. Au coin de la rue Monsieur-le-Prince et de la place Saint-Michel, il faut escalader une dizaine de degrés pour arriver aux rez-de-chaussée de droite, et en descendre presque autant pour arriver à ceux de gauche. A la jonction de la rue Victor-Cousin avec la rue Soufflot, on trouve d'un côté des ravins, de l'autre des montagnes, qui communiquent ensemble par un système de talus et d'escaliers compliqués. En face du Panthéon, on montait au Luxembourg comme à un grenier, et l'on y monte encore comme à un entresol; ailleurs, on descend comme dans une cave. Le quai de la Mégisserie et certaines ruelles adjacentes, les rues du Marché-Saint-Jean et de la Verrerie, le confluent de la rue de la Harpe avec le boulevard de Sébastopol, sur beaucoup de points les abords du boulevard Saint-Germain et de la rue des Écoles, offrent le spectacle de quartiers pris d'assaut. La rue Baillif n'arrive à joindre le Palais-Royal que par un escalier de quinze marches. Les maisons de la rue Bellefonds sont campées sur des escarpements sauvages et dominent de dix mètres le square Montholon, où l'on descend comme dans un entonnoir. La rue Marbeuf est divisée dans sa longueur en deux parties parallèles, dont l'une surplombe de quinze pieds et forme cul-de-sac. Les alentours du rond-point de l'Étoile, l'avenue de Saint-Cloud, le quartier Beaujon, défient toute description : il est prudent de faire son testament avant de s'aventurer dans cet inextricable dédale tout hérissé de ravins, de contre-forts, d'échelles et d'escaliers à pic[1]. La traversée de la Bérésina n'est qu'une plaisanterie près de la traversée de la rue du Bel-Air, et Dieu sait ce qui sortira de ce provisoire et combien de temps il doit durer. C'est la frénésie, l'ivresse, la folie furieuse de la ligne droite ; c'est le chaos mathématique. Sur plus d'un point,

---

[1] Voir, à défaut des quartiers eux-mêmes, la série d'articles extrêmement curieux publiés par M. de Coëtlogon, dans la *Gazette de France*, en 1864 et 1865.

M. le préfet de la Seine a trouvé moyen d'arriver à la confusion par l'excès et l'abus de la géométrie. Au rebours de Caussidière, il lui est arrivé de faire du désordre avec de l'ordre.

Dans la partie supérieure du boulevard Saint-Denis, les tranchées entreprises pour le passage du boulevard Magenta et les travaux qui en ont été la suite avaient produit les résultats les plus inouïs. Ce quartier semblait avoir été bouleversé par un cataclysme dont on a cherché à régulariser les traces sans pouvoir les faire entièrement disparaître. Ici, c'était un trottoir bordé de balustrades qu'on avait ménagé devant quelques boutiques, et qui filait en terrasse à hauteur de premier étage, absolument comme un balcon ; là, c'étaient des maisons étagées de haut en bas, et qu'on reprenait en sous-œuvre pour faire des boutiques à la place des caves ; ailleurs, un pont suspendu traversant la rue et servant de voie d'accès au bureau d'une fonderie, qui anciennement était au rez-de-chaussée et se trouvait maintenant au premier, sans avoir changé de place; ailleurs, des portes cochères qui s'ouvraient à deux battants à hauteur d'entresol. Le boulevard Bonne-Nouvelle, près la porte Saint-Denis, et surtout le boulevard Saint-Martin, font l'effet d'une gorge sombre entre deux montagnes. En s'accoudant aux garde-fous et en se penchant au-dessus du puits de l'abîme, on a le vertige à voir tourbillonner sous ses pieds cette flotte de fiacres et d'omnibus dans une mer de macadam. En Suisse, sur le mont Blanc, ce serait pittoresque ; à Paris, devant le théâtre de M. Mélingue, c'est fort laid, et de plus c'est une contradiction. Comment se fait-il qu'on n'ait point abattu, afin de niveler le sol, ces quelques douzaines de maisons juchées en observatoire à droite et à gauche de la chaussée, comme pour faire la nique à l'architecture égalitaire du nouveau Paris ? Est-ce respect humain ? — Bah ! — Est-ce économie ? — Fi donc ! — C'est tout simplement que M. Haussmann n'était pas encore préfet de la Seine.

III

L'EXPROPRIATION POUR CAUSE D'UTILITÉ PUBLIQUE.
LA VILLE DES NOMADES

En ce temps-là, l'expropriation pour cause d'utilité publique avait déjà fait son chemin ; elle régnait, mais n'était point arrivée pourtant à la pleine possession de la redoutable dictature qu'elle exerce aujourd'hui. Les auteurs de cette loi ne prévoyaient guère le cruel abus qu'on en ferait un jour. Elle est devenue entre les mains de l'autorité spéciale une sorte de bélier aveugle, qui frappe comme un sourd ; une catapulte inflexible et sauvage, poussée par tous les instincts d'une centralisation effrénée. Elle cogne de la tête et des pieds, elle frappe, elle démolit, elle pulvérise, elle broie, la monstrueuse machine ; elle dévore sans cesse et ne peut se repaître. Ce n'est pas l'expropriation pour cause d'utilité publique ; c'est l'expropriation pour cause de bon plaisir. Elle porte gravée au front le vers de Juvénal, — un poëte d'aujourd'hui, né dix-huit cents ans trop tôt :

Sic volo, sic jubeo, sit pro ratione voluntas.

Je n'en dis pas le quart de ce qu'en ont dit souvent les avocats devant les tribunaux, et pas la dixième partie de ce qu'en pense le public, qui subit, mais qui juge.

Aussi qu'arrive-t-il ? C'est que, dans les débats entre la ville et les expropriés, l'opinion, représentée par le jury, prend invinciblement la défense de ceux-ci, et, ne pouvant faire mieux, proteste sans relâche par le chiffre des indemnités qu'elle alloue. Cette protestation n'en vaut peut-être pas une autre, mais, pour le moment, elle ne manque pas de logique et de force. Le jury sent bien que c'est lui, en définitive, qui paye ces indemnités-là ; mais il proteste, parce qu'il est le jury, — et aussi parce que, en matière d'expropriation, on ne sait pas, ou plutôt on sait trop ce qu'on peut devenir un jour. C'est un bon procédé de confrère à confrère, à charge de revanche ; c'est une semaille qui peut se changer en moisson.

Cet état de choses a donné naissance à une industrie nouvelle, celle de l'homme qui spécule sur son expropriation. Il y a des gens qui ont pris pour spécialité d'acheter, de bâtir, d'établir une maison de commerce dans un quartier qu'ils prévoient devoir bientôt disparaître. Le quartier n'est pas difficile à trouver : on n'a guère que l'embarras du choix. Cela est devenu une sorte de jeu de Bourse, mais plus sûr que les autres. On cite un limonadier, déjà démoli trois fois, par suite de savants calculs, et qui, d'indemnités en indemnités, est parvenu à reconstruire dernièrement un café monstre, une merveille, — qu'il espère bien voir démolir encore avant de mourir. Alors il se retirera, et il ira bâtir une maison de campagne dans une Arcadie lointaine où l'*utilité publique* n'aura rien à voir.

Cette industrie bizarre, un de ces bruits qui se chuchotent à l'oreille n'a pas même craint de la prêter à de hauts personnages, accusés d'imiter sur un autre terrain ces ministres déchus, qui passaient pour escompter rue Vivienne les bonnes nouvelles dont les fonctions publiques leur assuraient la primeur. M. de Girardin, qui a toutes les audaces, aussi bien en défendant ses amis qu'en attaquant ses ennemis, a osé le premier formuler nettement ces vagues rumeurs, contre lesquelles il n'avait pas besoin de s'indigner : elles n'ont d'autre signification que de condamner un système qui prête le flanc à de pareils commérages, et leur donne une ombre de vraisemblance aux yeux de la prévention ou de la malignité publique.

Nous avons tous appris par cœur, au collége, un joli conte du bonhomme Andrieux. Il s'agit d'un meunier têtu, dont le petit moulin est convoité par le grand Frédéric, pour l'agrandissement du château. L'intendant des bâtiments royaux le mande auprès de lui, et un dialogue intéressant s'établit entre eux :

« Il nous faut ton moulin : que veux-tu qu'on t'en donne?
— Rien du tout, car j'entends ne le vendre à personne.
Il vous faut est fort bon, mon moulin est à moi
Tout aussi bien au moins que la Prusse est au roi. »

On rapporte le tout au prince ; grand scandale. Il fait venir lui-même le meunier, presse, flatte, promet. Le dialogue continue :

« Il faut vous en passer, je l'ai dit, j'y persiste...
— Je suis le maître. — Vous, de prendre mon moulin?
Oui, si nous n'avions pas des juges à Berlin. »

Le monarque est désarmé par ce mot. Que voilà un monarque débonnaire, malgré sa réputation farouche, et qu'on voit bien que l'expropriation pour cause d'utilité publique n'était pas encore inventée alors ! Figurez-vous donc un bonnetier de la rue Saint-Denis parlant sur ce ton aujourd'hui à un sous-chef des bureaux de l'Hôtel de Ville !

L'expropriation, devenue reine et maîtresse, se passe des fantaisies de sultan blasé. Elle achète le terrain et le bâtiment, démolit celui-ci et revend celui-là, rachète, revend encore, permet, retire, se ravise, et joue à la maison comme l'enfant au château de cartes. On l'a vue, après avoir laissé construire des édifices gigantesques sur le sol déblayé par elle, changer tout à coup d'idée, et le racheter pour les détruire, au moment où l'on y mettait la toiture. L'histoire du rond-point des Champs-Élysées restera célèbre dans les fastes de l'expropriation. Homère, qui a consacré plusieurs chants à la toile de Pénélope, eût fait tout un poëme sur le rond-point des Champs-Élysées. Ces coûteuses inconséquences sont le châtiment des volontés trop promptes et qui se savent trop maîtresses d'elles-mêmes. Leur incertitude naît de la hâte de leurs décisions, que rien n'arrête et ne mûrit au passage. Elles affichent leur insuffisance dans leurs variations. A chaque instant, l'*édilité* parisienne semble répéter le mot du médecin de la légende : *Faciamus experimentum*. Mais quand l'expérience est manquée, le patient en souffre plus que le médecin.

Un des plus curieux exemples de ces incertitudes dans l'absolu et de ces tergiversations après le fait accompli, est ce qui s'est passé, il y a quelques années, dans la cour intérieure du Louvre. Je cite ici ce détail, entre parenthèses, pour sa signification générale, et j'espère que les amateurs, qui suivent d'un regard philosophique les *gestes* de l'administration parisienne, ne l'ont pas encore oublié. On essaya d'établir d'abord des jardins en losanges; puis on les mit en carrés, avec des bancs; puis on supprima les carrés et les bancs pour revenir à de maigres plates-bandes. J'en passe, et fais peut-être quelque erreur de détail, mais en atténuant plutôt qu'en exagérant. Au centre de la cour, ce fut bien mieux encore. On y vit d'abord une fontaine ou un jet d'eau, puis le jet d'eau disparut devant une statue équestre, puis la statue équestre fit place à un petit massif de gazon et de fleurs, puis le massif s'évanouit, et aujourd'hui il n'y a plus rien. C'est pour arriver à ce beau résultat qu'on a bouleversé la malheureuse cour pendant deux ou trois ans. Il eût été plus simple et plus économique de commencer par où on a fini, c'est-à-dire de ne pas commencer du tout.

Cet axiome pourrait s'appliquer plus justement encore à quelques-uns des *embellissements* de Paris.

Quel chapitre instructif nous pourrions écrire en examinant par quels rapports étroits s'enchaînent ces abus de l'expropriation avec le mode de nomination de la municipalité parisienne, élue par le pouvoir qu'elle contrôle, et non par ceux qu'elle exproprie! Que de choses à dire aussi sur les conséquences économiques du système, sur ce mépris inouï de la dépense et cette insouciance magnifique pour la question d'argent, sur les proportions colossales de ce budget de Paris, qui, moins favorisé que celui de l'État, n'est pas même voté indirectement par le contribuable, qui a dévoré, par lui-même ou par ses annexes, près de six milliards depuis 1852, et, à l'heure qu'il est, dépasse des neuf dixièmes, c'est-à-dire de 180 millions, celui de la Suisse entière, et égale celui de l'Espagne!

Mais ce chapitre me mènerait trop loin, et sortirait de mon cadre. Je le laisse, avec bien d'autres, à ceux qui entreprendront l'histoire politique de ce temps.

Par quel miracle incessamment renouvelé la ville peut-elle subvenir à l'effroyable consommation de deniers que représentent ces travaux cyclopéens? C'est son affaire, mais c'est aussi un peu la nôtre. On assure qu'elle gagne sur la vente et l'achat des terrains; j'en suis enchanté pour elle, mais le mieux est de ne pas trop s'y fier. Elle a deux moyens plus infaillibles : l'emprunt, qui ne nous regarde pas, grâce à Dieu, et l'impôt, qui nous regarde beaucoup. Elle joue à merveille de ces deux instruments, dont elle a l'habitude; peut-être seulement en joue-t-elle un peu trop.

Cette grande orgie de boulevards a eu ses jours de fête et de triomphe, lors de l'inauguration solennelle des boulevards Malesherbes et du Prince-Eugène, du premier surtout. Ce jour-là, on avait renouvelé pour Sa Majesté l'attention galante du duc d'Antin pour Louis XIV, lorsqu'il fit scier dans la nuit et tomber à l'aube, comme d'un coup de baguette, sous les yeux du monarque, une forêt qui gênait le point de vue, et celle de Potemkin pour la czarine, à qui il montra des villages en toile peinte tout le long des déserts de l'Ukraine, — joli tour de prestidigitation en partie double qui se joue de temps en temps d'ailleurs sous les fenêtres de chaque Parisien. *Le Constitutionnel* a rendu compte de la fête dans cette langue dont il a le secret, et il a trouvé pour la circonstance des accents qui n'appartiennent qu'à lui. Lorsque les invités eurent admiré à loisir « le bel aspect que présentait la ligne du boulevard, » suivant l'heureuse expression du respectable M. Boniface, le Pindare de toutes les inaugurations, on procéda à l'apothéose du système, et l'*Expropriation pour cause d'utilité publique* apparut dans la nue, au milieu des flammes du Bengale, affable, souriante, l'air tout à fait engageant, et le front couronné de roses. A cette vue, l'enthousiasme des maçons s'éleva jusqu'au lyrisme : ils se jetèrent avec ivresse dans les bras les uns des autres, et toutes les maisons se décorèrent, comme par enchantement, d'inscriptions lyriques où dominait, parmi des couronnes de verdure, cette phrase que la postérité recueillera :

A NAPOLÉON III
LES OUVRIERS DU BATIMENT RECONNAISSANTS!

C'est le véridique *Constitutionnel* qui le dit, et je le crois sans peine. Mais j'aime encore mieux le mot, identique au fond, plus coloré dans la forme, du représentant Nadaud à la Législative :
« Quand le bâtiment va, tout va. »

Le triomphe de l'Expropriation fut complet : elle prouva, par une très-docte harangue, que tout est pour le mieux dans la meilleure des capitales, et que ceux qui se plaignent sont de grands enfants, qui ne savent pas tout le bien qu'on leur veut.

Nous avons eu récemment deux nouvelles éditions, revues et considérablement augmentées, de cette ingénieuse harangue; mais cette fois la chose s'est passée tout à fait en famille. Paris se rappellera longtemps le discours du trône prononcé, à l'ouverture de la dernière session municipale, par notre Grand-Édile. Il est impossible de boire à sa santé et de se porter un toast à soi-même avec plus de satisfaction naïve. Personne ne s'entend comme M. Haussmann à faire l'apologie de M. le préfet de la Seine, et nulle part on ne l'applaudit avec autant d'enthousiasme que dans le sein de sa commission : c'est pourquoi nous comprenons qu'il y tienne. L'accord est vraiment édifiant entre le chef et les membres du conseil de tutelle donné à cet éternel mineur qu'on appelle Paris. Le chef s'applaudit d'avoir choisi de si excellents membres, les membres s'applaudissent d'avoir été choisis par un si excellent chef. Les membres trouvent que le chef qui les a élus est le plus grand chef du monde, et le chef déclare à son tour qu'il est impossible de rêver de meilleurs membres que ceux qu'il a élus. Spectacle aimable, et bien propre à toucher quiconque a le sentiment de l'harmonie !

Seulement, dans ces discours *pro domo suâ*, pleins de vues si originales et si neuves, peut-être M. le préfet de la Seine abuse-t-il un peu de l'ironie, figure qui devient facilement monotone pour peu qu'elle se prolonge. Si les Parisiens actuels sont si *nomades* et si *vagabonds*, est-il bien généreux à M. le préfet de les en railler avec une si cruelle persistance ? J'ai un ami qui a changé dix fois de domicile depuis dix ans. Il demeurait d'abord, quand je l'ai connu, rue des Mathurins-Saint-Jacques; la rue des Écoles l'en a chassé. Il s'est réfugié rue de la Harpe; le boulevard de Sébastopol a jeté sa maison bas. Il a cherché un nouvel asile derrière l'Odéon; la rue de Médicis l'a forcé de fuir. En désespoir de cause, il a passé l'eau : le boulevard Magenta, le boulevard du Prince-Eugène et cinq ou six autres l'ont poursuivi, traqué, acculé. M. Haussmann lui reproche de déménager trop souvent : il a bien raison. Pourtant mon ami trouve que M. Haussmann a la plaisanterie lugubre.

IV

LES MAISONS

Tout le long de ces rues et de ces boulevards nouveaux, nos architectes ont bâti des maisons dont il est temps de dire un mot. Il y a des quartiers où elles ressemblent à des palais : entrée monumentale, surmontée de rosaces et de bas-reliefs ; du bronze et du marbre partout, de l'or au balcon, etc. J'ai examiné en détail un de ces palais dans la rue de Rivoli : il est habité au rez-de-chaussée par un marchand de vin et un charcutier; au premier par un tailleur ; au second par une modiste ; au troisième par un huissier. Le reste ne vaut pas l'honneur d'être nommé. Je ne m'en plains pas : je voudrais que tout le monde, même les huissiers, logeât « sous des lambris dorés. » Mais ce bronze est du zinc, cet or est du badigeon. Il en est un peu de ces palais comme des décors de théâtre : il faut les voir à distance, sans chercher à les toucher du doigt.

Les vieilles maisons de Paris, comme on en trouve encore au Marais, avaient bien leur prix. Pour l'élégance elles font piètre mine à côté des maisons modernes, et nos dandys consentiraient tout au plus à y loger leurs chevaux. Les portes d'entrée rustiques conduisent à des appartements carrelés ; mais l'escalier est large et monumental, les couloirs sont vastes, les dégagements faciles, les plafonds élevés. Une famille patriarcale tiendrait sans gêne dans ces grandes pièces, où l'on n'en était pas venu encore à mesurer l'espace à un centimètre près. Les palais nouveaux, sépulcres blanchis, faits de plâtras et de rognures de pierre, que le moindre coup de vent ébranle du haut en bas, sont divisés verticalement et horizontalement en tranches exiguës, dans chacune desquelles un ménage parisien étouffe, faute d'air, de lumière et d'espace, comme une fleur (je suis poli) entre deux pavés. Ce que l'administration a rendu d'air à la ville en élargissant les rues, les propriétaires le retirent, et au delà, en rétrécissant les appartements. Il le faut bien : l'espace de toutes parts est rogné par l'ampleur et la multiplicité des nouvelles voies, qui sur quelques points se touchent, pour ainsi dire, ne laissant pas même entre elles un espace suffisant pour que deux maisons adossées s'y puissent développer à l'aise. Le terrain est hors de prix, et on l'économise précieusement comme s'il était d'or pur. Ah! si les Parisiens pouvaient loger dans la rue, ils seraient trop heureux!

Des mouches même auraient peine à respirer en ces réduits étroits, encombrés des mille et un brimborions de la mode. On y a constaté des cas d'asphyxie d'oiseaux. Les maisons récentes rappellent, pour la plupart, ces boîtes à compar-

4

timents où les caricaturistes nous montrent les voyageurs contraints de se camper, au moment des expositions et des trains de plaisir. Ce sont moins des maisons que des malles à six étages. Le propriétaire économise dans l'escalier une niche pour le concierge, qui n'est pas toujours aussi bien logé qu'un chien de garde, et sous la partie supérieure du toit une rangée de chambres, où l'on ne peut se tenir debout qu'au centre. Les paliers sont larges d'un mètre carré, la cour est un entonnoir ténébreux, hanté par des exhalaisons pestilentielles qui y tiennent lieu d'atmosphère, et où j'ai vu plus d'une fois, gracieusement adossés, la pompe des locataires et… le cabinet *intime* du portier.

Je demande pardon du détail, mais il complète le tableau. O bonnes gens de province, vous êtes bien vengés !

Tous ces *palais* semblent jetés dans le même moule, et il est aisé de comprendre pourquoi : l'administration impose l'alignement et l'élévation ; elle n'impose pas le nombre des étages, mais elle fixe un *minimum* de hauteur pour chacun d'eux, et un *maximum* d'élévation pour la maison. Les propriétaires, qui n'aiment pas à perdre de place, au prix où sont les terrains, d'une part prennent généralement ce *minimum* pour règle et se gardent bien de le dépasser; de l'autre atteignent l'extrême limite de ce *maximum*, pour faire rendre au sol tout ce qu'il peut porter et compenser en élévation le peu d'étendue de la superficie. De là cette richesse et cette variété de coup d'œil qui, dès l'entrée d'une nouvelle rue, allonge dans une perspective d'une demi-lieue des rangées de maisons passées au même niveau, et offrant de la base au sommet le même nombre de fenêtres strictement rangées sur la même ligne.

Cent personnes vivent entassées les unes au-dessus des autres sur les différents échelons de ce perchoir. En montant sur une chaise, on peut toucher de la tête les pieds du voisin. Tous sont esclaves de tous, dans ces abominables cages parisiennes, où l'on est condamné à tous les bruits, à toutes les odeurs, à toutes les maladies de ses compagnons de chaînes. Bon gré mal gré, par les fenêtres vous recevrez les confidences olfactives de toutes les cuisines de la maison; par les portes, le piétinement de tout ce qui passe sur l'escalier; par les cheminées, des bribes de toutes les conversations et de toutes les disputes. Au-dessous, madame a la migraine : vous voilà condamné, par la galanterie et la compassion, à mettre des pantoufles et à marcher sur la pointe des pieds pendant huit jours; vis-à-vis, mademoiselle étudie son piano, et répète six mois de suite, du matin au soir, les exercices de Quidant : ce supplice est de ceux qui ne se décrivent pas. Des enfants qui jouent à la toupie dans l'appartement supérieur suffisent à vous rendre tout travail impossible. Le grincement d'une chaise ou de la porte d'une armoire vous donne des insomnies; un voisin qui se mouche au milieu de la nuit vous réveille en sursaut. Vous êtes bloqué et traqué par un essaim de bruits qu'il faut subir jusqu'au dernier. Et, pour comble, s'il prend fantaisie à votre concierge de manger de la soupe aux choux, il faudra bien aussi que, par l'escalier ou par la cour, ou des deux côtés à la fois, vous en avaliez toutes les exhalaisons une à une et jusqu'à la lie.

Je n'invente rien, je raconte ce que j'ai éprouvé moi-même,

> Quæque ipse miserrima vidi,
> Et quorum pars magna fui.

Telle est la règle commune. Je sais bien qu'il y a des exceptions, en particulier dans les maisons bâties à l'usage des millionnaires; il est inutile de me les opposer. La plupart des propriétaires, gens sagaces, ont imaginé un moyen ingénieux d'éviter à leurs locataires tous ces petits désagréments, en les remplaçant par d'autres qui les compensent avec avantage. Le plus simple serait de supprimer la cause première; comme cela ne regarderait qu'eux, ils n'y pensent même pas: cette cause est passée à l'état de principe et d'axiome, et il ne s'agit plus pour ces messieurs de faire des maisons conformes aux besoins des locataires, mais de se faire des locataires conformes aux vices de leurs maisons. Ce sont des rois absolus qui trouvent plus commode de réformer leurs sujets que de se réformer eux-mêmes, et qui bâtissent tout un système d'ordonnances et de prohibitions sur leurs propres défauts. Par exemple, pour éviter les odeurs, ils interdiront au concierge de manger de la soupe aux choux, ce qui est attentatoire à la dignité d'un citoyen libre. Pour éviter le bruit, ils interdiront au locataire d'avoir des enfants, ce qui est attentatoire à la moralité publique : il est vrai que l'exiguïté de ses appartements suffirait à elle seule pour le lui interdire. Les chiens sont mis à l'index, les oiseaux à peine tolérés. On commence même à proscrire le piano, ce qui est dur, — au moins pour les personnes qui en touchent. Les locataires sont mille contre un, et ils se laissent imposer tout cela, au lieu d'imposer eux-mêmes au propriétaire des cours mieux aérées, des appartements plus hauts et des plafonds plus épais.

Que diriez-vous d'un tailleur qui, non content de vous donner de l'orléans pour de l'elbeuf, à l'entrée de l'hiver, voudrait encore vous faire payer les frais de sa malhonnêteté et de sa ladrerie, et ne vous livrerait sa redingote qu'à la condition expresse que vous ne sortirez pas de chez vous, de peur de vous enrhumer? Le propriétaire parisien ressemble à ce tailleur, et voilà le beau marché que nous signons tous les jours, en payant fort cher pour cela.

Car, il faut bien en revenir là, ces appartements, ou plutôt ces *compartiments* mesquins, de si haute apparence et de si pauvre réalité, marbre au dehors et cendre au dedans, se cotent aux prix que vous savez, dix fois plus cher que ne se louaient autrefois ces grandes habitations dont je parlais tout à l'heure, quatre fois plus qu'elles ne se louent encore aujourd'hui. Il en est d'eux comme de ces restaurants splendides, où l'on mange de maigres biftecks, mais où l'on fait payer les dorures aux consommateurs. Toutes ces magnificences extérieures, commandées de plus en plus par la transformation et les *embellissements* de la ville, sont un leurre puissant à la vanité parisienne, qui de tout temps a mieux aimé et qui paye plus volontiers les apparences du luxe sans la réalité, qu'elle ne ferait de la réalité sans les apparences. Les propriétaires, aussi bien que les architectes, trouvent leur compte à ces goûts candides, et ils se rattrapent en dedans de leurs prodigalités du dehors, en économisant sur la solidité, l'espace et le confortable, ce qu'ils ont donné au plaisir des yeux. Vraie piperie, dont tous les Parisiens se rendent complices par l'empressement qu'ils montrent à se laisser duper.

Et puis, du moins dans les quartiers centraux, le remplacement des rues par des boulevards de trente mètres, l'élargissement prodigieux de toutes les voies nouvelles, ont singulièrement rétréci et par là même accru de valeur le domaine du sol habitable. Le terrain a décuplé et parfois presque centuplé de prix, en proportion des demandes, et pour bien d'autres motifs encore. Tel mètre carré, qui jadis valait vingt-cinq francs dans la rue de la Vieille-Harengerie, en vaut plus de mille aujourd'hui, au coin de la rue de Rivoli et du boulevard de Sébastopol. Les spéculateurs se sont jetés sur cette nouvelle proie. Tout ce que le Limousin renferme de maçons ne peut suffire à la tâche, et la multitude des bâtisses, comme on dit en style technique, a fait hausser la main-d'œuvre. Cela est naturel, et il est naturel aussi que les propriétaires profitent de toutes ces raisons, en les grossissant d'un bon nombre de prétextes, qui ne manquent pas davantage, pour élever le prix des loyers. Ils ne font qu'user de leur droit, même lorsqu'ils en abusent. Qu'on veuille bien croire que je ne réclame pas contre eux l'application du *maximum*. Il est vrai qu'on taxe le pain, et qu'un logement est, comme le pain, un objet de première nécessité ; mais je trouve que nous avons bien assez de réglementation pour notre bonheur, et je crois qu'il est prudent de ne pas trop demander à l'État un certain genre de services, où il s'empresse toujours de dépasser nos désirs.

De temps en temps, quand les gémissements des locataires, ce pauvre peuple taillable à merci, s'élèvent en chœur sur un ton plus lamentable que d'ordinaire, l'administration s'inquiète et avise. Elle fait un discours éloquent, elle publie une note catégorique et concluante, d'où il appert, de la façon la plus nette du monde, qu'elle ne démolit pas une maison sans en bâtir sept pour la remplacer, qu'il y a actuellement quinze ou vingt mille logements vacants à Paris, et que, par conséquent, la cherté des loyers est un fait transitoire et anormal, absolument indépendant des derniers travaux, contraire à la logique des choses, et qui ne peut manquer de cesser dans un avenir prochain; que les embellissements de Paris n'ont causé aucune aggravation de charges aux Parisiens, et que le dégrèvement des taxes locales en sera, au contraire, la conséquence infaillible.

Et les loyers montent toujours.

Mais du moins, comme les malades de Molière, on a la satisfaction de savoir que l'on meurt dans les règles. Et cela est agréable.

Donc les appartements parisiens réunissent l'extrême cherté à l'extrême incommodité. On n'y loge pas, on y perche, on y campe entre ciel et terre, soumis à toutes les servitudes imposées par le propriétaire, le concierge et les voisins, toujours pressé d'en sortir, soit pour aller chercher dans la rue un peu d'air, de calme et de repos, — oui, vraiment, de repos; soit pour varier son supplice en changeant de logement. A-t-on jamais bien réfléchi à l'influence que ce genre d'habitation doit nécessairement exercer sur le tempérament physique et moral des Parisiens? Croit-on que tout cela n'ait aucune action sur ce caractère inquiet, sur cette irritabilité nerveuse qui en fait le peuple le plus mobile et le plus capricieux du monde? Rien n'est doux, rafraîchissant, salutaire à l'esprit et au cœur, plus calmant et plus bénin que le *chez-soi*. Sans paradoxe, je suis convaincu que le *home* anglais, cet intérieur si paisible et si confortable, si isolé de tous les tumultes du dehors dans les tranquilles jouissances de la maison, joue un grand rôle dans les prospérités de l'histoire politique et sociale de la nation, aussi bien que dans la patriarcale fécondité de ses mariages. Où est le *chez-soi* possible à Paris? Allez donc vous rafraîchir et vous retremper dans nos appartements de carton, si transparents au bruit, et pénétrés de tous côtés par la pression du dehors! L'administration urbaine, dans les travaux du nouveau Paris, n'a supprimé que les moyens matériels des révolutions, en supprimant les pavés et les enchevêtrements de ruelles; elle en laissera subsister l'une des principales causes morales, tant que subsisteront ces logis-compartiments, voués à toutes les tyrannies tracassières; tant qu'elle n'aura pas transplanté le *home* sur les bords de la Seine. Je sais bien qu'il est difficile de donner à chacun de nous, comme aux habitants de Londres, sa maison et son jardin. Il ne s'agirait de rien moins que de jeter bas toute la ville, et de reculer le mur d'enceinte de quelques lieues; mais M. Haussmann est-il homme à s'effrayer pour si peu !

O chère maison de province (ceci, lecteur, est presque une prosopopée), quel doux souvenir j'ai gardé de toi, et comme je te revois souvent, du fond de ces affreux appartements où l'on ne pénètre que par escalade, et d'où l'on ne sort qu'avec cette fatigue fébrile et cette espèce de courbature morale qui suivent un sommeil cent fois troublé par les bruits de la rue ! Elle est bâtie au grand air, la maison de province, tout près de l'église, dont on voit le clocher de son lit, et à cinq cents pas du bois. Un tapis de gazon doux au pied la précède, un cep où pendent des raisins picorés par les moineaux la tapisse du haut en bas. On y entre sans grimper, et dès le seuil on est chez soi. Au rez-de-chaussée, la cuisine, grande comme un appartement parisien, la salle à manger, quelquefois un salon, ayant vue sur le bois; au premier étage, les chambres à coucher, et la chambre d'ami, cette bonne chambre que Paris ne connait pas; au-dessus, le grenier; derrière, un jardin où babillent les oiseaux, où fleurissent les roses, où les pommiers et les groseilliers mûrissent; au bout, la rivière. Par la fenêtre, on voit des pêcheurs à la ligne, des bœufs qui passent et du linge bien blanc, étendu sur des cordes dans des prés tout verts; on entend les chansons des fillettes et les bons contes des lavandières entremêlés de vigoureux coups de battoir.

Elle est bâtie en briques rouges, la maison de province, et elle coûte dix mille francs! Pas d'œil dans votre vie, pas de pieds sur votre tête, pas de tête sous vos pieds, point de concierge, entendez-vous, point de concierge! On n'y vit pas sous la constante préoccupation du terme et sous la terreur du congé. Rien ne vous empêche d'y agir à votre gré et d'y dormir à votre aise quand il vous en prend envie. Vous êtes chez vous. Il n'y a qu'à fermer les volets pour s'isoler complétement du reste de la création. La famille y demeure depuis six générations.; la mère y est morte, l'enfant y est né, vous y êtes né et vous y mourrez vous-même. Toute la maison déborde de traditions et de souvenirs ; vous ne pouvez faire un pas, ni lever les yeux, sans qu'ils vous envahissent avec une irrésistible douceur par tous les objets qui vous entourent.

Et nous, pauvres victimes de la civilisation parisienne, campés sous des tentes nomades, réduits à chaque instant à emporter notre maison sous la plante de nos pieds, nous semons notre vie en détail à tous les coins de la grande ville, dans vingt logis banals dont aucun ne gardera notre trace et ne restera sacré pour nous par cette rêverie magique que chaque coup d'œil ramène à la pensée attendrie. Comme des grains de sable éparpillés sur la route, toutes les dates charmantes ou douloureuses de notre existence gisent oubliées çà et là. Hier, un étranger que je n'ai jamais vu habitait à cette place, qu'on vient de lui prendre pour me la donner, en attendant qu'on me la reprenne pour la passer à un autre, que je ne verrai jamais. Il me semble que j'ai succédé à un mort. La chambre d'auberge indifférente et glacée, le wagon toujours en mouvement, où, dès qu'un voyageur est descendu, un autre monte pour le remplacer, voilà l'image de la maison de Paris. Elle n'a pas de nom, elle ne porte que des numéros, comme ces cabanons de bagnes où l'homme lui-même devient un chiffre. On se rappelle vaguement, quand on a bonne mémoire, qu'on a perdu sa mère au numéro 24, qu'on s'est marié au numéro 15, qu'on a eu son premier enfant au numéro 36 ; c'est tout. Et on se demande à quel numéro l'on mourra.

Hier, une vision du passé s'était penchée sur mon cœur. Il faisait un doux soleil d'automne ; le macadam avait la sérénité d'un ciel sans nuage, et le nouveau Paris lui-même me souriait d'un air tendre et tout à fait engageant. L'idée me prit de revoir encore une fois certaine maison que je sais. Je voulais seulement passer à pas lents sur le trottoir, lever les yeux à la hauteur du troisième étage et regarder l'*endroit*.

Il y a ainsi des jours de soleil où l'on est heureux à bon compte. A peine arrivé, un grand serrement de cœur me prit. Il n'y avait plus rien; la rue même avait disparu, et sur l'emplacement de la maison démolie, des ouvriers étendaient une couche de bitume fumant, qui empestait l'air à cent pas.

Cruel Paris! Paris infâme! qu'il faut t'aimer follement pour te pardonner tout cela!

V

LES SQUARES ET LES PROMENADES

Maintenant, comme Télémaque sortant des Enfers pour entrer aux Champs-Élysées, je pousse un soupir de soulagement, en abordant enfin cette partie plus agréable de la description du nouveau Paris. Quoi qu'aient pu croire certains lecteurs en parcourant les précédents chapitres, la vérité est que j'ai faim et soif d'admirer, et que personne ne loue avec une satisfaction égale à la mienne, quand j'en puis trouver l'occasion. Je vais le prouver tout de suite.

L'administration parisienne, qui, par nature et

par système, n'a pas souvent des idées riantes, a eu pourtant quelque chose qui en approche, le jour où elle s'est avisée d'ouvrir çà et là des squares, comme autant d'oasis dans ce grand désert de pierre où les lorettes et les vaudevillistes peuvent seuls respirer à l'aise. Elle nous devait bien ce petit dédommagement pour tant de plâtras, de moellons, d'asphalte et de becs de gaz. Grâce à cette innovation, le bourgeois de Paris, altéré d'ombre et de verdure, n'est plus condamné à les aller chercher au loin, jusqu'au Luxembourg ou au Jardin des Plantes : il a maintenant l'une et l'autre à quelques pas de sa porte, ou du moins il en a le semblant, et le Parisien n'en demande jamais davantage.

Dans l'histoire de l'édilité actuelle, c'est l'épisode des plantations que nous aimons le mieux. Il ne faudrait pas croire pourtant que cet épisode-là ne date que de nos jours. Les régimes précédents avaient bien fait quelque petite chose. Sous Henri IV, six mille pieds d'arbres furent plantés dans Paris par les soins et aux frais de

Fr. Miron, lieutenant civil et prévôt des marchands, l'un des hommes qui ont le plus fait pour embellir Paris sans le bouleverser. Ce règne aussi et les deux suivants virent la création des jardins du Luxembourg, des Tuileries et du Palais-Royal (dont le public ne devait profiter que plus tard), du Jardin des Plantes, du Cours-la-Reine et d'une partie des Champs-Élysées. C'est là un ensemble respectable, et qui mérite qu'on en tienne compte, si l'on veut bien réfléchir surtout qu'on ne l'avait point fait payer par ces compensations désastreuses que nous verrons au chapitre suivant. Mais le passé est passé : revenons au présent.

Jusqu'aujourd'hui, on nous a donné une douzaine de squares, sans compter ceux des communes annexées. Il y en a sur la place Louvois, devant le Conservatoire des arts et métiers, sur l'emplacement du vieux Temple, à la tour Saint-Jacques, autour de la fontaine des Innocents, sur le terre-plein de Notre-Dame, sur la place du Carrousel, devant Sainte-Clotilde, derrière l'hôtel de

Cluny, etc., sans parler des parterres qui s'étendent de chaque côté du Louvre, vis-à-vis le pont des Arts et l'église Saint-Germain-l'Auxerrois: sans compter aussi les massifs et les jardins anglais dont on a enrichi la maigre végétation des Champs-Élysées. Il y en a un rue Montholon, sur le prolongement de cette nouvelle rue Lafayette, qui va si heureusement poursuivre, mais non compléter, le réseau stratégique du Paris nouveau, en reliant l'une à l'autre les gares de l'Est et du Nord, et en coupant les faubourgs Poissonnière et Montmartre pour venir converger en plein boulevard, au confluent de cinq ou six autres larges voies sillonnant la ville dans tous les sens. Il y en aura aussi, dit-on, aux deux extrémités du nouveau pont Louis-Philippe. On en médite d'autres, dont la place est déjà marquée. Voilà ce qui s'appelle marier l'agréable à l'utile, et c'est proprement la perfection de l'art, suivant Horace et Boileau.

De plus, il est question de créer deux squares grandioses aux extrémités sud et nord de Paris :

sur la butte Montmartre, un jardin anglais à triple étage, ayant le ciel pour horizon, la grande ville à ses pieds pour panorama, et dont les plateaux superposés communiqueraient les uns avec les autres par des escaliers monumentaux disposés en fer à cheval; à la Glacière, un parc de dix-huit hectares dont les pentes seraient disposées de telle façon que, de tous les endroits, on pût jouir du plus merveilleux point de vue, en particulier du *magique* coup d'œil qu'offre la vallée de la Bièvre, dominée par une colline couverte de maisons et, dans le lointain, par les dômes du Panthéon et du Val-de-Grâce. Ce sont là jusqu'à présent des projets, pas autre chose, et de la coupe aux lèvres il y a loin, dit le proverbe. Mais ce proverbe-là est bien vieux, et ne paraît plus guère de saison. Autrefois, on eût pu répondre hardiment : C'est impossible; aujourd'hui il faut répondre modestement : C'est très-probable. Le premier mot a pour synonyme actuellement le second dans le dictionnaire de l'édilité parisienne.

L'établissement du jardin anglais à triple étage sur la butte Montmartre offrant surtout des difficultés particulières, qui exigeront d'énormes dépenses, on peut parier avec quelque chance en sa faveur. Déjà des légions d'ouvriers sont installées aux buttes Chaumont et sur les carrières du Centre, comblées et nivelées, pour y installer à grands frais une promenade pittoresque et grandiose[1]. Un tel projet devait sourire à l'imagination titanique de M. le préfet de la Seine, qui serait bien aise, d'ailleurs, de se mesurer de près avec la mémoire de la reine Sémiramis, et ne lui rendre des points en fait de jardins suspendus. Il est évident que le souvenir de Babylone et des sept merveilles du monde, chantées sur tous les tons par les poëtes-badauds de l'antiquité, n'a pas été sans influence sur les embellissements de

---

[1] Un journal de province s'est attiré un *communiqué* pour avoir évalué à une trentaine de millions les frais d'établissement de cette dernière promenade : ils ne paraissent pas devoir dépasser le quart de cette somme, dit le *communiqué*, — d'où l'on peut conclure hardiment qu'ils en atteindront au moins la moitié.

Paris, après toutefois certaines pensées stratégiques que nous avons essayé d'indiquer plus haut, — et qu'on a la noble émulation de détrôner les anciens, — ne fût-ce que pour venger la civilisation moderne du mépris systématique des archéologues, et pour leur montrer qu'on peut vaincre aisément ces prétendus prodiges, admirés jadis par des peuples enfants! Nous reprendrons quelque jour, en l'appliquant à un autre héros, le projet de ce sculpteur qui voulait tailler avec le mont Athos une colossale statue d'Alexandre. Pourquoi les merveilles de l'âge actuel ne remplaceraient-elles pas celles de l'époque mythologique, dans les tableaux de l'histoire et les déclamations des classes?

Les jardins suspendus de Babylone dépassés par les jardins anglais des buttes Montmartre et Chaumont, « admirable matière à mettre en vers latins, » pour un prochain grand concours! — Beau paragraphe à ajouter à une nouvelle édition du programme d'histoire contemporaine de M. Duruy!

Nous sommes loin, — quoiqu'il y ait à peine huit ou dix années de cela, — du temps où il n'existait d'un bout à l'autre de Paris qu'un seul square, celui de la place Royale.

On crée maintenant un jardin ou un parc pour le moins aussi vite qu'une maison. On fait pousser à merveille du gazon sur le bitume et des massifs de verdure sur les pavés; au besoin, on se passerait parfaitement de ce qu'on appelle la nature pour arriver à tous les résultats qu'elle produit. Ce n'est plus qu'à la campagne qu'on a encore la naïveté de croire à la nécessité de la nature pour avoir des fruits et des fleurs, comme à la nécessité du raisin pour faire du vin. A Paris, nous sommes plus avancés que cela.

Ceux de mes lecteurs qui sont assez favorisés des dieux pour posséder une maison des champs savent ce qu'il en coûte de temps et d'attente avant de jouir de l'arbre qu'ils ont planté eux-mêmes. C'est quelquefois l'affaire de plusieurs générations. En confiant une *quenouille* à la terre, ils peuvent se dire, comme le vieillard de la Fontaine :

Mes arrière-neveux me devront cet ombrage.

Il semble donc qu'il y eût là un obstacle quasi insurmontable pour la création des squares ; mais l'administration parisienne, féconde en ressources, avait deux moyens pour un de s'en tirer. Le premier, c'était de ne pas mettre d'arbres dans ses squares, et elle a usé pour quelques-uns de ce stratagème aussi ingénieux que simple. Qui empêche de faire des squares sans feuillage, et, s'il le faut, sans verdure, à l'instar de cet *impresario* de province qui donnait *la Dame blanche* en supprimant la musique, et de ces grands cuisiniers parisiens qui font tous les jours du civet de lièvre sans lièvre ? L'autre moyen n'est, par malheur, ni aussi simple, ni aussi économique. Il consiste à enlever du sol qui les a vus naître des arbres tout entiers, avec leurs racines et le terrain adhérent, pour les transporter ainsi partout où l'on veut, à l'aide d'un appareil ingénieux, mais

dont l'emploi coûte fort cher[1]. De plus, le *sujet*
n'échappe pas toujours aux dangers de cette
opération chirurgicale, encore aggravés par ceux
du voyage. La nature se venge de ceux qui la
violentent. L'arbre transplanté dans un autre sol
semble pris de nostalgie ; il maigrit, il jaunit, il
se courbe, il dépérit à vue d'œil sous les tasse-
ments du sol et la mortelle poussière du macadam. On avait un géant dans la forêt ; on n'a plus
dans le square qu'un nain rabougri et contrefait.
Là-bas il se nourrissait d'air vif et pur ; ici il ne
boit plus que les miasmes du gaz et de l'eau de
Seine non filtrée. C'est en vain qu'on le soigne
avec une sollicitude toute maternelle, qu'on l'arrose de douches et d'injections savantes, qu'on
prodigue à ses racines les tuyaux de drainage,
qu'on l'entoure et le protége de tout un appareil
disgracieux de maillots, de parasols en toile, pa-
lissades, entonnoirs, bains de pieds, qui le font

[1] Chaque arbre ainsi transplanté revient, en moyenne, à deux
cents francs. (*Revue des Deux Mondes* du 1ᵉʳ février 1865, article
de M. Clavé.)

ressembler à ces petits vieux emmitouflés de flanelle et de coton, soutenus par des béquilles, chauves, branlants, ridés, exhalant à dix pas une odeur de tisane et de lait de poule : on peut bien le préserver de la mort, mais on ne peut le rattacher à la vie. Ces pauvres arbres étiques font peine à voir; ils vivent de régime comme des poitrinaires, et, par les chaleurs de l'été, on aurait plus envie, en conscience, de leur donner de l'ombre que de leur en demander.

Les squares, de dimensions fort diverses, sont jetés à peu près dans le même moule. Autour du monument qui sert de centre, — presque toujours une fontaine, — s'arrondit une pelouse, couverte çà et là de petits massifs de fleurs, agréablement disposés. Le long des grilles s'étendent de larges plates-bandes de gazon, émaillés de fleurs aussi, et d'arbustes au feuillage toujours vert. Ma profonde ignorance en botanique ne me permet pas une description plus brillante et plus pittoresque. Dans les allées, des bancs à claire-voie, au dossier renversé, attendent les promeneurs. Les plus aristocratiques de ces parcs en miniature y joignent des chaises pour leurs habitués du grand ton.

Quelquefois le square se compose exclusivement de rangées d'arbres, sans pelouse, sans fleurs et sans gazon, ce qui est d'un aspect assez triste, dès que l'automne ramène la chute des feuilles. Plusieurs sont vraiment d'une sobriété de végétation et d'une maigreur de physionomie qui rappellent par trop certains sites des environs de Paris, les jardins de la Villette et de Pantin, par exemple. Dans la plupart on trouve moins de gazon que de bitume, de fleurs que de cailloux. Ce sont des oasis qui semblent faites en pierre et en carton peint, et où l'on sent l'architecte encore plus que le jardinier. Retranchez-en les trottoirs, les grilles, les larges allées et les bancs, vous verrez ce qui restera. Presque jamais on n'y peut oublier un moment qu'on est dans la patrie du gaz, de l'asphalte et du macadam. Passe encore pour ceux qui ont été créés de toutes pièces! Mais pourquoi, par exemple, avant de tracer le square du Temple, a-t-on commencé par raser les grands arbres du jardin qui en occupait l'emplacement, au lieu d'en faire profiter le public? L'administration se croirait-elle déshonorée de conserver de beaux arbres qui ne lui coûteraient rien, au lieu d'en planter de chétifs qui lui coûtent fort cher?

A vrai dire, ce n'est pas là un inconvénient réel pour le vrai Parisien, le Parisien pur sang, celui qui, même dans le paradis terrestre, regretterait son petit ruisseau de la rue du Bac. Malgré l'amour effréné qu'il affiche pour la villégiature, au retour de chaque printemps, il n'est pas d'homme au monde qui aime et comprenne moins la nature. La campagne n'est pour lui qu'une affaire de mode et de *genre*, une petite gloriole de citadin enrichi. Au fond, soyez sûr que, sans le respect humain, le géranium qu'il arrose dans un pot, sur son balcon, suffirait amplement à ses instincts champêtres. Il lui faut la nature des environs de Paris, les fritures d'Asnières, la poussière de Romainville, les mirlitons de Saint-Cloud, les chalets suisses d'Auteuil, et les arbres à trois étages de Robinson, où l'on mange du filet au madère et des meringues à a crème, au milieu du roucoulement des modistes de la rue Vivienne et du gazouillement ingénu des fleuristes du Palais-Royal. Ce qu'il trouve et ce qui lui plaît, dans ces campagnes étiolées de la banlieue, c'est un demi-Paris, avec des ombres d'arbres qui lui rappellent ceux de ses boulevards, des restaurants qui ressemblent à ceux de la rue Montmartre, des marchands de coco, des marchandes de plaisir, des montagnes russes, et la vue du dôme des Invalides à l'horizon. Son idéal est d'aller manger un melon sur l'herbe, au bois de Meudon, en nombreuse société. Il déteste les *trous* où l'on ne voit personne, où il n'y a pas d'estaminets, où l'on ne rencontre dans ses promenades que de l'eau, de l'herbe, des arbres, des fleurs et des nuées de petits insectes; où l'on ne sait que faire pour tuer le temps. S'il loue une villa, il a soin de la choisir dans un endroit à la mode, et à proximité du chemin de fer. Pour rien au monde, le vrai Parisien ne voudrait d'une maison de campagne d'où il n'entendrait pas le sifflet de la locomotive. En vous montrant son jardin, il vous dit avec orgueil : « Le chemin de fer passe à deux pas ; j'entends tous les trains. » Son rêve serait qu'on pût bâtir les villes à la campagne, ou transporter la campagne à Paris. Les squares sont justement faits pour répondre à ce rêve. C'est bien ce qu'il fallait au Parisien. Si l'on y avait mis plus de verdure et d'ombrage, il se plaindrait amèrement que les arbres l'empêchent de voir passer les omnibus.

Et pourtant l'ingrat ne hante guère ces squares qu'il admire tant : il se contente presque toujours de les regarder à travers les grilles, ou de les traverser pour abréger son chemin, et il en laisse la libre possession aux bonnes d'enfants et aux nourrices, qui en forment la population la plus assidue, et à peu près la seule permanente. L'élément populaire domine dans presque tous les squares : la redingote ne fait qu'y passer, la blouse s'y installe et s'y prélasse. Çà et là, on voit poindre un schako conquérant derrière une nourrice, et des duos de troupiers non gradés, se tenant par le petit doigt, errer comme des ombres autour du beau sexe. De vieux rentiers sont assis au soleil sur un banc, causant politique et traçant sur le sable, avec leurs cannes, des lignes stratégiques, destinées à démontrer la prise de Sébastopol, ou à résumer le plan d'une invasion infaillible, en cas de guerre contre les Anglais. Heureusement, des légions de babys roses tourbillonnent au milieu de ces graves conciliabules, semant partout, comme des rayons de soleil, leurs frais éclats de rire et leur joyeux babil.

La mode n'a donc pas adopté les squares : il faut en prendre son parti. Elle a moins adopté encore la promenade créée à grands frais sur l'ancien parcours du canal Saint-Martin, depuis la rue de la Tour jusqu'à la Bastille. On rencontre beaucoup plus de brouettes, de haquets et de tapissières que d'équipages armoriés sur ce magnifique boulevard, qui avait rêvé des destinées plus hautes et qui semble tout attristé d'une telle chute. Figurez-vous les arènes de Nîmes ou le Colysée, bâtis tout exprès pour servir de théâtre à un vaudeville de Vadé ! Telle est l'impression qu'on éprouve en voyant cette royale esplanade bordée de chantiers et de marchands de vin, et sillonnée en tous sens par des marquises coiffées de foulards et des dandys armés de crochets en guise de sticks. On a pu métamorphoser le canal d'un coup de baguette, mais on n'a pu changer le quartier. En eût-on fait cent fois plus encore, il était difficile d'attirer le beau monde dans ces parages, bornés à tous les points cardinaux par le faubourg du Temple, le bureau central des pompes funèbres, l'abattoir et l'hôpital Saint-Louis, ce champ d'asile de ce que la médecine appelle en termes gracieux « les maladies cutanées. »

Avez-vous souvenir de ce qu'était l'ancien canal Saint-Martin, surtout dans la partie qui a fait l'objet des nouveaux travaux ? Celle qui reste intacte vous en donnera au besoin une idée, quoique bien insuffisante. Avec ses ponts tournants, ses écluses, ses bords escarpés, ses berges encombrées, le jour il était d'un aspect hideux, la nuit d'un aspect sinistre. D'un accès toujours difficile et souvent périlleux, le vieux canal aux eaux croupissantes avait, comme la forêt de Bondy, sa légende pitoyable, grossie à plaisir par la terreur quasi superstitieuse des citadins. C'était un des plus infatigables pourvoyeurs de la Morgue. La police elle-même n'a jamais su au juste le nombre des piétons avinés qui ont trébuché, au milieu d'une chanson bachique, dans ce ténébreux cours d'eau. Des bandes d'oiseaux de proie y guettaient à l'affût, cachés parmi les complaisantes épaves de la rive, le passant désarmé et sans défiance. La physionomie du lieu semblait inviter au suicide ou à l'assassinat. Chaque soir, les ombres des victimes du canal Saint-Martin revenaient errer sur le boulevard du Crime, et pousser leurs gémissements lugubres dans les pièces de M. Dennery. La transformation érée a relégué toutes ces lamentables histoires dans le domaine des mélodrames de l'Ambigu. Mais il est vrai de dire néanmoins qu'elle a restreint le péril plutôt qu'elle ne l'a fait entièrement disparaître, puisqu'elle ne s'est attaquée qu'à une partie privilégiée du parcours, et que, de la rue du Faubourg-du-Temple jusqu'à la Villette, le vieux canal reste ce qu'il était jusqu'alors. Messieurs les voleurs auraient encore beau jeu dans toute l'étendue de l'enclos Saint-Laurent.

Ceci est une première restriction, qui pourra paraître naïve, à force d'être naturelle. En voici une seconde qui n'est peut-être pas tout à fait si naïve : c'est que les gigantesques travaux exécutés par M. Alphand n'ont pas à beaucoup près, dans leur ensemble, un caractère d'utilité publique qui puisse être mis en balance avec les frais énormes qu'ils ont coûtés. J'y vois, comme dans bien d'autres créations du nouveau Paris, un emploi de moyens tout à fait en disproportion avec le but, comme pour faire croire à la grandeur du résultat par celle de l'effort.

Cette remarque ressemble à une contradiction, après tout ce que je viens de dire, et pourtant ce n'en est pas une. Soit que l'on voulût simplement ouvrir une large voie à la circulation dans ces parages d'un abord jusque-là si rebutant, soit qu'on voulût détruire une cause permanente de périls, il suffisait de déblayer, d'égaliser et d'élargir les rives du canal. On ne voit pas où était la nécessité de l'enterrer lui-même sous un chemin couvert, sinon pour le plaisir d'exécuter une de ces œuvres difficiles et dispendieuses, qui saisissent l'esprit par leur grandiose inutilité. Notez bien, en effet, que la partie centrale de cette vaste esplanade, celle qui cache le canal, étant couverte de petits jardins qui servent à dissimuler les prises d'air, ne peut profiter en rien à la circulation. Je ne suppose pas que ce soit pour le plaisir pastoral et champêtre de faire ces petits jardins qu'on a pris la détermination de recouvrir le canal. Un tel motif accuserait, de la part de l'administration, des goûts bucoliques, dignes d'être chantés sur le pipeau par Théocrite

6

et Virgile, mais que rien ne nous permet de lui attribuer. J'aime mieux croire, encore une fois, qu'elle a cédé derechef à l'instinct séduisant du grandiose, et au désir de s'illustrer par un de ces chefs-d'œuvre qui fournissent une si belle matière aux articles de journaux, aux discours des préfets, voire aux descriptions de l'histoire officielle, et font pousser des exclamations admiratives au bon peuple de Paris.

L'esplanade du canal Saint-Martin se développe sur une largeur d'environ quarante mètres, dans un parcours d'une demi-lieue de long. Dix-huit petits squares, clos de grilles, y sont ménagés de distance en distance : on peut les voir à son aise, mais on n'y entre pas, ce qui en diminue singulièrement le charme. Une fontaine jaillissante s'élève au milieu de chacun d'eux, et à l'extrémité se cachent dans des massifs verdoyants les soupiraux circulaires, destinés à donner de l'air et du jour au canal souterrain. De temps à autre, on voit tout à coup jaillir de ces soupiraux des panaches de fumée, qui dénoncent au promeneur le passage invisible d'un bateau à vapeur sous ses pieds.

Mais ce spectacle du dehors n'est rien auprès de celui du dedans. Les amateurs d'émotions neuves ne peuvent pas plus se dispenser maintenant d'une excursion sur le canal Saint-Martin que d'un voyage en ballon. La première sensation qu'on éprouve est étrange, à se voir glisser sous terre, entre les murs d'une voûte de quatre mètres de haut et de quinze de large, avec les bruits lointains de la ville dans les oreilles et des roulements de fiacre sur sa tête. Il semble qu'on soit entré dans le royaume des gnomes. Le soleil, pénétrant par les soupiraux, découpe sur la voûte une série de cercles étincelants, et la lumière intérieure est assez abondante pour éclairer tout le trajet. D'un bout à l'autre, on y peut lire son journal sans se fatiguer les yeux. Cette expédition est curieuse à faire une fois, mais à la longue elle manque de pittoresque, ou du moins le pittoresque en est trop uniforme et sent trop la main des ingénieurs.

Les nouveaux travaux du canal Saint-Martin constituent une sorte d'appendice fastueux au chapitre des égouts parisiens. Ils ferment, par un trait final qui dépasse tous les autres, ce hardi développement de la ville souterraine, qui embrasse, dans ses ramifications infinies, une étendue de plus de cent trente lieues. Qu'on nous parle encore de l'aqueduc d'Ancus Martius et du *cloaque* de Tarquin! Ce sont des jouets d'enfants, bons à reléguer dans l'histoire ancienne avec les sept merveilles du monde, et qui feraient sourire de pitié le moindre de nos conseillers municipaux. Les Romains sont dépassés; voilà qui est entendu, et si quelque stoïcien incorrigible osait encore n'être pas suffisamment fier de son pays et de son époque, il ne resterait qu'à le renvoyer au canal Saint-Martin ou au grand égout collecteur.

VI

LES PARCS ET JARDINS

Lorsque Turenne eut été emporté par un boulet de canon, on créa huit maréchaux de France pour le remplacer, sur quoi la voix du peuple appela ces huit maréchaux *la monnaie de M. de Turenne.* Le mot me revient en mémoire comme tout à fait de circonstance, au moment où, après avoir parlé des nouveaux squares de Paris, je vais parler de ses anciens parcs et jardins. Assurément, c'est une heureuse innovation, je l'ai dit, que cette multitude de squares semés, comme autant d'ilots de verdure, sur toute la face de la ville ; mais je les admirerais beaucoup plus, et sans arrière-pensée, si je pouvais y voir autre chose que la menue monnaie des grands parcs bouleversés et des grands bois réduits à la portion congrue.

Je ne veux rien exagérer : le boulet de canon de l'alignement, pointé par l'artillerie de l'utilité publique, n'a pas encore jeté bas ces beaux jardins qui faisaient l'orgueil et la joie de Paris ; mais il les a rudement écornés et rognés au passage ! Il n'y en a pas un qui n'ait plus ou moins senti les éclaboussures de cette terrible mitraille. Qui oserait se dire aujourd'hui complétement rassuré ? Les habitués du Luxembourg, comme ces invités à la fête napolitaine donnée au Palais-Royal en 1830, sentent qu'ils se promènent sur un volcan. L'ombre de M. Haussmann, armé de sa baguette magique, les poursuit partout : ils appréhendent qu'une belle nuit la fantaisie ne lui prenne d'escamoter le jardin comme une muscade. Sous chaque marronnier et au détour de chaque allée, ils croient voir la silhouette menaçante d'un ingénieur armé de ses plans, le profil anguleux d'un architecte prenant ses mesures. C'est une obsession, c'est un cauchemar. Tant qu'on n'aura pas fini *d'embellir* Paris, ils sentiront l'épée de Damoclès suspendue sur leur tête, et ne dormiront pas tranquilles.

Comment leur en vouloir ? Le passé les instruit et les met en garde contre l'avenir. On a déjà pris sur leur jardin l'espace nécessaire pour élargir la rue de l'Est, en leur donnant une grille neuve pour toute compensation. L'administration actuelle aime beaucoup les grilles neuves : peut-être en abuse-t-elle un peu. En outre, la voie complétement inutile, qui relie la rue de Vaugirard, à partir du derrière de l'Odéon, à la rue Soufflot, a coupé un grand tiers de l'admirable grotte de Médicis et de la terrasse gauche du parterre. On se souvient de l'émotion produite par l'annonce de ce projet, qu'on avait lieu de croire définitivement enterré, après son rejet par la commission municipale de 1849. Une pétition, signée par de nombreux habitants du quartier, vint porter au Sénat des doléances et des protestations qu'il accueillit avec empressement, mais qui eurent le sort de toutes les doléances de ce monde. Le Sénat lui-même ne les sauva pas de leur inévitable destin en les reprenant pour son propre compte. On put croire un moment que l'art, le bon sens et le bon droit, souvent suspects comme révolutionnaires, triompheraient sous l'égide de cette auguste assemblée, qu'on eût difficilement soupçonnée d'un esprit d'indépendance malséante et de tendance à la rébellion. Vain espoir! M. Haussmann, seul contre tous, semblable au Neptune de Virgile, tint tête à l'orage, et fit rentrer dans le silence les flots irrités du Sénat. Ce fut un beau spectacle, et plein d'enseignements. Le grand corps *conservateur* de l'empire français ne put même conserver son jardin : ce n'était pas encourageant pour un début dans la carrière de l'opposition. Espérons, en dépit de ce pronostic fâcheux, qu'il sera plus heureux pour la Constitution.

Et nunc erudimini, journalistes naïfs qui faites de l'opposition aux embellissements de Paris!

Il y a au monde un homme infaillible, et ce n'est pas le pape, ni le grand lama. Il y a en France un homme tout-puissant, et ce n'est pas l'empereur, — un homme du moins dont l'omnipotence dépasse celle même du chef de l'État, puisque celui-ci se croit tenu de rendre quelquefois compte de sa politique, et qu'il est contrôlé par un conseil législatif qu'il n'a pas élu lui-même. Cette omnipotence de M. le préfet est absolue, sans restriction, sans limites dans le cadre où elle s'exerce ; elle a droit de vie et de mort sur la ville : Paris, c'est lui. M. Haussmann, avec son conseil de famille, marque l'idéal et l'apogée de la centralisation. Il l'avait prouvé déjà par tous ses actes, et il a pris soin de le déclarer tout récemment encore, dans un accès de condescendance superflue. Il marche dans sa toute-puissance, sans rien voir, sans rien entendre, *les yeux fixés sur la postérité !* Avec une sérénité hautaine et dédaigneuse, il dicte ses lois sans appel, comme un vainqueur à une ville prise d'assaut. Que le Sénat et les expropriés en prennent leur parti. Il ne reste plus, suivant la remarque de M. Guéroult, qu'à prier l'Esprit-Saint de répandre ses grâces sur l'esprit de M. Haussmann, d'illuminer sa volonté et d'inspirer ses décrets.

Depuis la mémorable séance du Sénat dont nous venons de parler, M. le préfet de la Seine a dû se répéter plus d'une fois, avec un légitime orgueil, le mot de la Médée de Corneille :

Contre tant d'ennemis que vous reste-t-il ? — Moi.
Moi, dis-je, et c'est assez.

Hélas! oui, c'est assez; c'est même beaucoup trop.

Donc, après quelque délai accordé aux convenances, — car on est homme du monde, et le Sénat, après tout, malgré le déplorable exemple qu'il avait donné aux vieux partis, méritait certains égards, — on vit les ouvriers revenir à l'œuvre interrompue. Les tranchées s'ouvrirent : d'ignobles barricades en planches se dressèrent au travers du noble jardin envahi par des hordes de maçons ; on abattit les grands platanes et les marronniers centenaires, sous les yeux des badauds consternés, mais curieux, — sous les yeux du Sénat, si mal récompensé de cette initiative, qui n'était encore de sa part qu'un acte d'obéissance à une invitation souveraine. On démonta la fontaine, on numérota les pierres, comme font les commis soigneux pour les volets d'un magasin, et on transporta proprement le tout, sans rien casser, à une vingtaine de mètres en avant. Aujourd'hui, les monuments et les arbres sont des colis ; on les ficelle, on les empaquette et on les fait voyager, quelquefois tout d'un bloc, comme la fontaine du Palmier, sur la place du Châtelet. Il ne faut point médire du progrès : qui sait si, quelque jour, on ne transportera pas ainsi Saint-Eustache ou Saint-Séverin, sous prétexte qu'ils contrarient l'alignement ? Cela vaudra encore mieux que de les démolir.

Ainsi raccourcie, la magnifique allée de platanes de la *Grotte de Médicis* a perdu toute sa poésie, en perdant sa plantureuse pelouse, remplacée par un vulgaire bassin; la longue perspective de ces sombres ombrages qui semblaient verser le *frigus opacum* chanté par Virgile, et le mystérieux lointain de sa fontaine, gâtée par l'adjonction d'un groupe blanchâtre qui choque comme une dissonance.

Joignez à ces pertes du jardin du Luxembourg celles qu'il avait déjà subies, sous le règne de Louis-Philippe, par l'agrandissement du palais à ses dépens, et vous aurez son bilan définitif, — definitif jusqu'à ce jour du moins. Il est temps de le clore, en vérité. Mais des bruits sinistres circulent depuis quelque temps au sujet de la Pépinière, ce délicieux réduit où le promeneur peut se croire à deux cents lieues de Paris, et respirer à pleins poumons, loin des becs de gaz et du roulement des fiacres, le parfum vivifiant des vignes et des rosiers en fleurs. En fait d'*embellissements*, tout est possible aujourd'hui, je le sais bien, surtout ce qui n'est pas probable ; néanmoins je me refuse absolument à croire à celui-là, tant que je ne l'aurai pas vu de mes propres yeux. Je me refuse à croire, jusqu'à ce que le doute ne soit plus permis, qu'on puisse vendre le jardin Botanique à des entrepreneurs de bâtisses, et qu'on ait le courage de faire élever la nouvelle École polytechnique au beau milieu de la Pépinière. Le jardin des Tuileries a été un peu plus respecté. On s'est contenté d'abord de lui prendre çà et là quelques lopins de terre pour y construire un jeu de paume, et d'y tailler un jardin pour le château. Ce jardin, isolé par un fossé de deux mètres, a enlevé au public deux bassins sur trois. Je ne m'en plains pas, Dieu m'en garde! La nation et le souverain, c'est tout un. Mais le Parisien, qui a la mémoire tenace, n'a pu s'empêcher de se ressouvenir que, sous Charles X et Louis-Philippe, les Tuileries du prince avaient mieux respecté les Tuileries du bourgeois. Puis on a abattu le quinconce et les bosquets sur la terrasse du bord de l'eau, afin d'y élever une orangerie qui fait pendant au jeu de paume bâti du côté de la rue de Rivoli. L'orangerie se trouvait auparavant sous la galerie du Louvre ; il paraît qu'on en a eu besoin pour une écurie. La terrasse a été ainsi dépouillée de son plus bel ornement ; mais, pour diminuer les regrets du public, on l'a fermée à la circulation.

Les Champs-Élysées, en retour des coquets massifs de fleurs et des jolis petits parcs anglais dont on les a enrichis, n'ont guère perdu que le carré Marigny : c'est peu de chose. Il fallait bien que les saltimbanques supportassent leur part des embellissements de Paris : tous les citoyens sont égaux devant la loi ! Mais je vous assure qu'on ne tardera pas à bâtir de belles maisons de chaque côté de l'allée centrale, comme il y en a plus haut, tout le long de l'avenue. Il est positif que tant de terrain perdu fait mal à voir. L'administration a là plusieurs millions sous la main, et chacun sait qu'elle n'aime point à laisser perdre les millions. Seulement, ce jour-là, elle nous donnera un beau square autour de l'Arc de

Triomphe. Et d'ailleurs, ne nous a-t-elle pas déjà donné d'avance le bois de Boulogne, comme fiche de consolation ?

Nous y voici donc enfin, à ce bois de Boulogne, l'une des merveilles de Paris nouveau ! Parlons-en tout à notre aise. Mais, avant d'y entrer, arrêtons-nous en route, s'il vous plaît, dans cette petite cabane de fort piètre apparence, qui ne renferme pourtant rien moins qu'un *paradis*, d'après l'enseigne et les affiches apposées à la porte. Paradis artificiel, il est vrai, mais d'autant plus précieux, dans ce siècle d'industrie et de progrès ! Ce jardin, fabriqué en entier par la main de l'homme[1], où tout est faux, depuis les feuilles des giroflées, des lilas et des géraniums, jusqu'aux boutons de rose et aux ceps de vigne ; depuis les gouttes de rosée étincelant sur le gazon, jusqu'aux insectes buvant dans les corolles entr'ouvertes ; depuis les lianes flexibles et grim-

---

[1] Depuis que ceci est imprimé, le *Paradis artificiel* a disparu, à ce que nous croyons, ou il a émigré. C'est dommage : il était là à sa vraie place.

pantes qui s'enroulent au plafond, jusqu'à la terre qui garnit les plates-bandes, — cet ingénieux jardin, travaillé bien mieux que nature, et où, pour comble de perfectionnement, on a supprimé le parfum des fleurs, qui ne sert qu'à donner des migraines, est tout bonnement un symbole, un mythe, et bien autre chose encore, — symbole du lieu et symbole du temps, où l'art remplace au besoin la nature et la supprimerait volontiers comme inutile et encombrante. Il donne à l'édilité une leçon utile, dont elle profitera, nous l'espérons : il lui enseigne discrètement l'art de créer à l'avenir, sur le premier point venu de l'asphalte, des squares et des parcs où l'on n'aura qu'à passer le plumeau chaque matin comme sur une étagère, et qui feront par leur propreté et le bon ordre de leur végétation l'admiration des amis d'une nature correcte, élégante et disciplinée, en harmonie avec les splendeurs égalitaires du nouveau Paris. En même temps, il est placé sur la route du bois de Boulogne, comme un avertissement et une préparation. C'est le prologue du poëme, le portique du temple.

Vous souvient-il du bois de Boulogne d'avant 1852 ? Une vraie forêt, un peu rachitique et malingre, sans doute, mais avec des arbres qui poussaient à tort et à travers, des sentiers qui allaient en zigzags, de la mousse, de grandes herbes qui vous gênaient les pieds, des mares, des fourrés sans queue ni tête,— un *trou* enfin ! La nature s'y permettait çà et là, bien rarement pourtant, des caprices sauvages; la végétation s'en donnait à cœur joie. C'était intolérable. A la porte de Paris, du côté le plus aristocratique de la ville, jugez donc ! Heureusement, on a mis fin à ce scandaleux désordre. Les ingénieurs ont passé là ! Aujourd'hui le bois de Boulogne, convenablement décimé, est, en attendant mieux, le triomphe de la nature élégante, et, comme s'exprime le propriétaire du *Paradis artificiel* dans ses affiches, « un nouveau fleuron ajouté au laurier de l'industrie française. » On ne s'attendait guère à voir l'industrie en cette affaire.

Un architecte-paysagiste, M. Varé, et un ingénieur des ponts et chaussées, M. Alphand, ont donné leurs soins au *plan* du nouveau bois. Un architecte et un ingénieur, ô nature ! Jamais forêt ne fut à pareille fête. L'architecte a arrangé les choses en paysage historique, à la manière de feu Bidault, avec des *fabriques* dans le fond, des moulins d'opéra comique, des pigeonniers crénelés et des cascades à grand spectacle ; l'ingénieur a jeté là-dessus le charme prestigieux des avenues larges de cent mètres, des allées bordées de trottoirs et des cantonniers en costume administratif[1]. Grâce à leurs efforts combinés, le bois de Boulogne a été *embelli* absolument de la même manière et avec le même succès que la ville de Paris, dont il est la digne succur-

---

[1] L'administration du bois de Boulogne comprend quatre services, et de véritables armées d'employés, le tout nécessité par sa transformation en parc à l'anglaise. L'entretien de ses plantations figure sur les budgets ordinaire et extraordinaire de 1865 pour une somme de trois millions trois cent quatre-vingt-six mille francs, et l'on sait la distance habituelle qu'il y a du budget projeté au budget définitif. Que dites-vous du prix? Il me semble que c'est cher, mais je me trompe peut-être.

sale champêtre. On en a fait un pendant à la rue de Rivoli.

Sauf la terre et les arbres, tout est factice dans le nouveau bois de Boulogne : encore a-t-on pris soin, pour remédier autant que possible à cette fâcheuse exception, de peigner et d'émonder les arbres, de ratisser, d'égaliser le sol et de l'encaisser de bitume. Le reste a été fait de main d'homme : les lacs, les îles, la butte Mortemart, construite par l'accumulation des terres extraites du lit de la rivière, et couronnée d'un vieux cèdre qu'on a transporté au sommet, les sentiers, les rochers, les cascades et surtout la grande chute d'eau, avec sa grotte et ses stalactites, — tout jusqu'aux poissons des lacs, couvés par M. Coste et éclos par les procédés de la pisciculture. Il n'y manque que le canard mécanique de Vaucanson. C'est un prodigieux travail à mettre sous verre, ou à exposer sur un guéridon avec la classique étiquette : « Le public est prié de ne pas toucher. »

Rendons, du reste, cet hommage à l'artiste

qu'il y a souvent très-bien imité la nature. C'est presque ressemblant, en particulier la grande cascade, qui a absorbé à elle seule deux cents mètres cubes de blocs de grès pris dans les carrières de Fontainebleau. Les guides vous expliquent cela au mètre et à la toise, comme pour les marmites des Invalides. On y rencontre des notaires posés en points d'exclamation, et des photographes qui prennent des vues. C'est de la vraie eau qui coule dans les lacs, à telles enseignes qu'elle y est charriée par la pompe à feu de Chaillot. Tout cela, en outre, est agrémenté de bateaux peints, de ponts coquets, de chalets, de kiosques, de cafés-restaurants, et autres objets que la nature ne produit pas. Au nord et au sud, on a mis des grilles !

En de certains endroits, par exemple du côté de la porte Maillot, M. l'architecte et M. l'ingénieur des ponts et chaussées ont laissé des coins de nature toute nue, qui semblent honteux et dépaysés dans un ensemble de si noble mine. Les esprits incultes peuvent encore, de loin en loin, — à la *mare d'Auteuil*, où il reste un saule pleureur, et au *rond des Chênes*, où il y a des arbres âgés de trois siècles, — trouver des réduits à demi sauvages, que les habitués de Longchamp regardent avec dédain, ou plutôt qu'ils n'ont jamais vus. Est-ce oubli de la part de l'architecte, est-ce amour de l'antithèse, est-ce condescendance pour les goûts vulgaires des *archéologues* de la nature, ou désir de faire mieux valoir par le contraste la toilette du nouveau bois?

Mais je n'ai garde de médire des travaux qui ont transformé — et rogné — le bois de Boulogne! Jamais œuvre ne fut mieux appropriée à sa destination. On l'a fabriqué tel qu'il le fallait pour les goûts et les besoins de ses habitués. La ville de Paris a interrogé le bois, avec une variante au proverbe : « Dis-moi qui tu hantes, et je te dirai ce que tu dois être. » La *mare aux Biches* et le *parc aux Daims* sont faits à souhait pour les rêveries de ces messieurs et de ces dames; la *route du lac* contient tout ce qu'il faut de nature pour les chevaux de notre jeunesse dorée, et les crinolines à la mode trouvent un théâtre digne d'elles dans le *rond des Cascades*. Longchamp, le Turf, le Pré Catelan, le parc de la Société d'acclimatation, l'Hippodrome, complètent les délices de ce jardin d'Armide, rendez-vous favori du jockey-club des deux sexes. On peut prévoir le moment où, grâce à cette mystérieuse loi de déplacement qui entraîne toutes les villes en les faisant glisser, comme des fleuves, d'orient en occident, c'est-à-dire dans un sens contradictoire au mouvement de rotation de la terre, le bois de Boulogne se trouvera en plein dans l'enceinte de Paris, et peut-être en deviendra le centre. Alors on le découpera en tranches, qu'on vendra fort cher, comme le parc des Princes, le domaine du Raincy ou le hameau de Saint-Cloud ; et des hôtels se dresseront à tous les points pittoresques, pour exploiter la vue des lacs et de la grande cascade, comme ceux qu'on trouve au bord du Léman ou devant la chute du Rhin.

Le bois de Boulogne a son pendant à l'autre extrémité de Paris, dans le bois de Vincennes. A eux deux ils font, à l'orient et à l'occident de la grande ville, une ceinture d'arbres et de verdure, qui se complétera bientôt, au nord par les jardins suspendus de la butte Montmartre et les vastes promenades de la butte Chaumont, au midi par le grand parc de la Glacière. Vincennes est le *Bois* de l'est de Paris, l'Eldorado populaire des élégants du *faubourg Antoine*. Les artilleurs y abondent, promenant à leurs bras conquérants, parmi les bourgeois couchés sur l'herbe, les grisettes endimanchées du bal d'Idalie, qui valent bien les lorettes à toutes voiles de Mabille et du Château des Fleurs. Le boulevard du Prince-Eugène abrége le chemin d'un kilomètre, pour les habitants des quartiers du Temple et de Saint-Martin.

Ce dernier bois n'a pas échappé lui-même aux transformations et aux améliorations. On a voulu que les travailleurs eussent une promenade comparable en splendeur à celle des opulents et des oisifs ; mais hâtons-nous de dire que, grâce à Dieu, on n'y a pas tout à fait réussi, et que les *embellissements* du bois de Vincennes ne l'ont pas *enlaidi* autant que ceux du bois de Boulogne.

Le lecteur me dispensera aisément de décrire les lacs, les rivières, les percées, les buttes factices, les villas jetées sur les flancs de la forêt, et tous les agréments ménagés dans le paysage. Ce qui me touche beaucoup plus que tout cela, c'est que, probablement à cause de sa destination plébéienne, on a bien voulu y laisser de l'herbe et de la mousse, et permettre aux arbres de pousser comme ils l'entendent. Vous savez, le peuple n'a pas les goûts raffinés du dandy : on a fait des concessions à ces natures simples. Le bois de Vincennes actuel, malgré sa physionomie un peu maigre et quelquefois étriquée, est dans son ensemble un fort joli morceau, qui a même des endroits tout à fait appétissants.

Mais, par un reste d'habitude, on a mis, devant presque tous ces endroits, des barrières en fil de fer, qui font vilain effet dans le paysage, et qui barrent désagréablement le chemin au promeneur toutes les fois qu'il a envie d'aller s'étendre à l'ombre. On voyage autour du bois plutôt qu'on n'y entre. C'est comme dans les expositions, où le public défile devant la pièce capitale, au cri sans cesse répété du gardien : « Circulez, messieurs, circulez ! » L'administration a-t-elle peur qu'on ne lui use son herbe, — ou qu'on ne la mange ?

J'allais oublier de dire que le bois de Vincennes a été diminué d'une bonne moitié par les empiétements successifs du génie militaire et du chemin de fer. On l'a refoulé par degrés pour bâtir, sur l'emplacement des vieux arbres séculaires, un polygone, une salle d'artifice, un corps de garde, une école de pyrotechnie, un fort et deux redoutes liées par une enceinte bastionnée, avec pont-levis, caserne voûtée à l'épreuve de la bombe et deux magasins à poudre. Si l'artillerie vient en aide aux architectes contre la nature, c'est trop, on en conviendra. Cela fait, on a coupé la partie comprise entre le château et le champ de manœuvre de Saint-Maur. Puis le chemin de fer est venu creuser ses tranchées et poser ses rails en pleine forêt. De quart d'heure en quart d'heure, le sifflet de la locomotive crie en passant aux promeneurs effarés : « Laissez passer l'expropriation pour cause d'utilité publique. »

J'ai gardé le parc de Monceaux pour la fin. Ici, je n'ai plus envie de rire, je vous jure. On en a fait une promenade publique, et on a bien fait, mais après l'avoir dépouillé, mutilé, après avoir abaissé au niveau d'un square vulgaire ce qui était le plus adorable jardin de France, l'idéal de la nature arrangée. Il y a des gens, — je les ai entendus, et ils paraissaient de bonne foi, — qui osent parler des embellissements du parc de Monceaux, et s'extasient sur les prodiges qu'y a opérés la baguette féerique de l'édilité parisienne. Ce serait à faire frémir le bon sens révolté, si l'on ne savait que les trois quarts de ces audacieux panégyristes n'avaient jamais vu l'ancien parc, — ce sont les seuls à qui l'on puisse pardonner, —

et que le dernier quart se compose de personnages qui ont des motifs tout particuliers à leur admiration, de ces motifs qu'il est prudent de ne pas discuter. En dehors de ces deux catégories, nul homme doué de sentiment et de raison n'a le droit d'énoncer sérieusement une pareille ineptie.

Il faut le dire à haute et intelligible voix : le nouveau parc de Monceaux est le plus désastreux, le plus navrant échantillon du système suivi dans les *restaurations* des jardins publics. C'est encore M. Alphand qui a été ici l'exécuteur des hautes œuvres de la ville de Paris. Le bilan des améliorations est facile à dresser : un boulevard qui le coupe en deux, des routes carrossables, — pourquoi pas des chemins de fer ? — qui le traversent de part en part; une grotte ridicule avec des stalactites et des stalagmites qui ressemblent à des oujoux en terre cuite, et qui sont gardés par un surveillant à demeure et par des écriteaux, de peur qu'on ne les casse; les ruisseaux restaurés, les cascades remises à neuf, un pont blanchi, les grands ombrages détruits, le silence et le mystère, qu'on y respirait partout autrefois, chassés pour toujours; un vernis banal de replâtrage et de rebadigeon jeté sur les ruines du vieux parc, et puis une grille encore, — voilà ce chef-d'œuvre en abrégé.

Il est bien entendu qu'on a profité de l'occasion pour le rogner en tous sens. On lui a pris de quoi faire je ne sais combien de grandes routes et bâtir je ne sais combien de maisons de plaisance. Oui, on a dépecé une partie du parc de Monceaux pour la vendre en lots aux amateurs, et l'on a choisi celle qui renfermait un délicieux parterre de fleurs et l'une des plus belles *ruines* du jardin. Sur la lisière du square actuel, non loin de la Naumachie, à travers ce qui reste d'arbres et d'ombrages, on voit se dresser un écriteau, et sur cet écriteau l'œil stupéfait lit ces mots *Terrains à vendre!*

Terrains à vendre! O les ingénieurs des ponts et chaussées! ô les barbares!

Ceux qui connaissaient l'ancien parc remportent du nouveau l'impression que leur ferait la vue du cadavre d'une personne aimée. Ils cherchent les points de vue pittoresques, les perspectives soudaines, les allées ombreuses, et ne les trouvent plus. Ce qu'on a respecté même semble avoir perdu son charme et son mystère. On a éclairci et régularisé partout. De tous les points, on aperçoit des boulevards, des grilles, du bitume, du macadam et des fiacres. L'ensemble est devenu monotone et glacial, comme tout ce que touche l'administration des travaux de Paris. Vous qui trouvez que cela est bien beau encore, vous avez raison peut-être ; mais cela était divin autrefois ! J'en appelle avec certitude à tous ceux qui ont gardé l'ineffaçable souvenir de l'ancien jardin, c'est-à-dire à tous ceux qui l'ont vu.

C'est là ce que le *Constitutionnel*, dans cet admirable article dont j'ai déjà parlé, appelle l'une des plus belles *créations* de M. Alphand : jugez de ce que doivent être les autres ! Dumolard faisait des créations dans ce genre. Il dit encore, le *Consti-*

tutionnel, qu'on a *rajeuni entièrement* le parc de Monceaux. — Oui, comme ces barbiers qui vous *rajeunissent* en vous coupant un bout d'oreille et un tronçon de nez, et en vous balafrant tout le reste. Pour Dieu, qu'on se borne à *rajeunir* nos lois, et qu'on ne *rajeunisse* plus nos jardins ! Mais ce qu'on ne rajeunira pas, c'est le style et l'esprit du *Constitutionnel*.

VII

INTERMÈDE

PROMENADE PITTORESQUE A TRAVERS LE NOUVEAU PARIS

Muse, changeons de style et quittons la satire :
C'est un méchant métier que celui de médire ;
A l'auteur qui l'embrasse il est toujours fatal.

Ainsi parle quelque part le prudent Boileau, qui n'avait eu garde pourtant de s'attaquer à Colbert et aux distributeurs de pensions. Je veux suivre un moment son conseil et, sans sortir du sujet, délasser le lecteur, et me délasser moi-même, par un petit intermède sur le pipeau rustique. Arrivé à mi-terme de l'âpre montée que j'ai entrepris de gravir, je me sens quelque peu las, et ne suis pas fâché de me détendre un moment. Les lecteurs graves, — professeurs d'humanités, poëtes épiques, diplomates et procureurs généraux, — sont loyalement prévenus d'avoir à passer ce chapitre. Si M. Nisard le lit, je l'avertis qu'il n'y rencontrera aucune vérité générale exprimée en un langage définitif.

Ceci posé et bien entendu, je commence sans autre exorde.

Le titre de ce chapitre étonnera beaucoup de lecteurs. Que peut-il y avoir de pittoresque dans le nouveau Paris? Peu de chose, je l'avoue, mais quelque chose néanmoins : on le va voir tout à l'heure, ou ce sera ma faute. La ville de marbre et de carton-pierre qu'on nous bâtit est grandiose, monumentale, épique, c'est convenu ; mais j'ose croire que M. Haussmann lui-même n'a jamais élevé ses prétentions jusqu'à y mettre le moindre brin de pittoresque. J'ai fini pourtant par en trouver un brin en y cherchant toute autre chose, et je n'en suis pas plus fier qu'il ne faut.

L'immense mouvement de reconstruction de Paris a créé une foule de maisons neuves, dont les rez-de-chaussée, à peine terminés, sont accaparés aussitôt par de petites industries vagabondes, en attendant les vrais locataires, qui commencent à se faire attendre longtemps. Ces rez-de-chaussée, souvent sans portes et sans fenêtres, ouverts à tous les vents et à tous les regards, semblent faits exprès pour certains industriels de la rue, qui y cumulent le double bénéfice du toit hospitalier et de l'exposition en plein air. Ils leur permettent de s'établir au centre de Paris, dans des quartiers populeux et riches, pour une redevance modique, facile à prélever sur les recettes quotidiennes. On les loue au mois, à la semaine ou au jour.

Les industriels nomades des nouveaux rez-de-chaussée parisiens se partagent en trois catégories principales : les photographes populaires, les marchands de bric-à-brac, tenant bazars et boutiques à treize sous, les montreurs de curiosités et particulièrement de femmes colosses.

Jusqu'à présent, ces intéressants personnages comptent parmi ceux qui ont le plus profité de la transformation de Paris. Ceci est une circonstance atténuante, que je porte au bénéfice de M. le préfet de la Seine.

Les bazars ne demandent pas une longue description. Ils n'ont rien d'oriental. Généralement, dans les rez-de-chaussée des maisons neuves, ils sont réduits à leur plus simple expression, et s'étalent sur une table portative ou même à terre. Ces bazars sont le lieu d'asile et la grande fosse commune de toutes les porcelaines en faïence, porte-monnaie en papier, bronzes en zinc, parapluies montés en jonc, cannes revernies et recollées, chaînes d'or en chrysocale, diamants en bouchons de carafe, épingles de corail à un sou, cristaux en verre, éventails en papier d'emballage. On y trouve des cadres historiés à trente centimes et des tableaux à l'huile à deux francs, exécutés à la mécanique par les jeunes aveugles ou les prisonniers. Les objets d'art y pullulent, en particulier les dessus de pendules, représentant Corinne sur le cap Misène, Malek-Adel aux genoux de Mathilde, ou le jeune et beau Dunois prenant congé de sa belle, avec son casque et sa guitare. Parmi les gravures en taille-douce et les lithographies coloriées, vouées au sentimentalisme à outrance, les planches intitulées : *le Départ*, *le Retour*, *Heureuse mère*, etc., obtiennent généralement un beau succès. *Bélisaire* et *le Soldat laboureur* sont aussi très-loin d'être usés, en dépit des plaisanteries impuissantes des petits journaux. Le peuple se moque bien des petits journaux, qui ont la prétention de régenter l'esprit français, et qui ne régentent que les loustics des brasseries ! La fibre sentimentale domine chez les masses ; elles ne se préoccupent que du sujet : quand il les attendrit, il est toujours traité avec beaucoup d'art. C'est ce qui assure le triomphe des mélodrames, de certains tableaux du Salon et de certaines romances poitrinaires.

Pour faire contre-poids au genre mélancolique, il y a aussi les lithographies gouailleuses et gauloises, à l'usage de la partie avancée de la population. Les ingénieuses estampes qui obtiennent le plus de succès dans ce genre, si éminemment français, sont celles qui représentent trois gros moines, ventrus et bourgeonnés comme des Silènes, attablés à un jeu de cartes devant une demi-douzaine de brocs monstrueux, et un curé qui, surpris à dîner un vendredi, fourre précipitamment un poulet sous la nappe, et ne laisse plus voir qu'un hareng dans son assiette, aux yeux de son visiteur édifié.

Assurément ces deux sujets sont beaux : ils ont je ne sais quelle fleur de raillerie attique, qui doit les rendre recommandables aux intelligences cultivées, et l'on y retrouve toute la force de dialectique et toute la puissance d'ironie qui caractérisent aujourd'hui nos immortels héritiers de Voltaire. Il faut, sans nul doute, applaudir à ces piquantes épigrammes qui entretiennent le feu sacré de la haine des jésuites chez la nation la plus spirituelle du monde. Oserai-je ajouter toutefois que je les trouve un peu faibles? Oui, et M. Cayla me comprendra, j'en suis sûr. Dans une autre lithographie, on voit un capucin qui confesse une jeune fille, en clignant de l'œil d'un air malin à l'aveu de certains *péchés mignons*, et en faisant une moue luxurieuse avec sa bouche lippue. Ceci est déjà mieux, sans être encore le dernier effort du genre. Toujours la gaudriole fut l'amie de la libre pensée, et il faut qu'elles marchent de concert et se complètent l'une l'autre pour achever l'émancipation de l'esprit humain, comme l'ont bien compris Rabelais, Voltaire, Diderot, et l'illustre ami de M. Perrotin, feu Béranger.

Les bazars vendent quelquefois, en outre, des almanachs de l'an passé et de petits livres au rabais, choisis parmi les plus instructifs, tels que les *Aventures de Cartouche* et les *Mémoires de Vidocq*. Leur population se compose généralement du marchand, de l'*aboyeur*, et d'un compère qui choisit avec acharnement, s'extasie avec ravissement, achète avec discernement, paye longuement et revient fréquemment.

Çà et là sont aussi installées de petites boutiques de comestibles où l'on débite des fragments de fromages, des fritures mystérieuses au grésillement provocateur, au fumet séduisant ; des limonades polonaises, confectionnées avec des détritus de réglisse et des résidus de peau de citron ; des crèmes à la vanille à un sou la tasse, et des glaces panachées à deux liards le verre. Généralement ces cuisines en plein vent sont desservies par des Arlésiennes ou des Cauchoises, dont les formes robustes et les bonnets insensés font l'admiration du gamin de Paris.

Aimez-vous la photographie ? — Moi non plus, — comme disait Grassot, dont on me permettra d'emprunter en cette rencontre le spirituel langage. Je lui en veux d'avoir multiplié outre mesure les formes du laid. Mais si je n'aime pas la photographie, j'aime les photographes. Je les aime pour leurs longues barbes, leurs prospectus et leur bonne opinion d'eux-mêmes. Ce sont des artistes mitoyens, ni chair, ni poisson, adorés des bourgeois, et très-propres à réconcilier l'art avec les admirations de la masse. Les fruits secs de la peinture, les invalides d'atelier, les incompris des Salons, ont une consolation toute prête en se faisant photographes. L'invention de Daguerre est le champ d'asile des incapacités de l'art. Le métier est fort commode et fort couru, parce qu'il peut, à la rigueur, se passer d'études et d'intelligence, ce qui est toujours une condition facile à remplir.

Le plus grand des photographes connus, comme chacun sait, est Nadar, qui a six pieds de long, — quelques pouces de moins que la girafe. J'en ai découvert un autre dans un rez-de-chaussée du nouveau boulevard Malesherbes, à qui il ne manque, pour être aussi grand que lui, que ce qui manque à Nadar lui-même pour égaler la girafe. Ce n'est pourtant pas son élève : comme mademoiselle Lenormand et le *célèbre Moreau*, Nadar n'a jamais formé d'élèves. Mais s'il n'a pas d'élèves, il a des rivaux, je l'en préviens, surtout dans cette partie du boulevard de Sébastopol qui s'étend entre la rue Soufflot et la rue des Écoles. Là sont entassés, presque en plein air, une dizaine de photographes, tous plus étonnants les uns que les autres. Je défie M. Courbet de regarder sans enthousiasme leurs montres d'exposition. Ils travaillent dans tous les genres et dans tous les prix. Ce sont eux qui ont créé le portrait à un franc. Le dernier venu, plus audacieux encore, vient de lancer le portrait à vingt-cinq centimes, « le même que celui à un franc, » dit l'affiche. C'est un coup d'éclat et un coup d'État, supérieur à celui qui a illustré M. de Girardin, lorsqu'il créa la presse à quarante francs.

Ces industriels joignent quelquefois à leur art la vente des faux-cols et des cravates. Ils font, au besoin, votre silhouette avec du papier noir découpé, qu'ils collent sur un fond blanc et qu'ils recouvrent d'un verre. Ils vous offrent, au rabais, des portraits de Garibaldi et de mademoiselle Léonie Leblanc, et tout bas, à l'oreille, des vues stéréoscopiques, où les amateurs de ces sortes de choses jouissent du coup d'œil enchanteur de deux jambes de filles déchaussées trois lignes (ou pouces) plus haut que la police ne le permet.

Les comédiennes des divers théâtres de Paris fournissent le principal aliment de ces *vues* au stéréoscope et des galeries photographiques. On nous les montre dans toutes les postures et sous tous les costumes, faute de pouvoir nous les montrer sans costumes, — idéal suprême dont les régisseurs de spectacles et les photographes se rapprochent sournoisement chaque jour. Puisqu'on les représente ainsi, c'est qu'elles le veulent bien. Non-seulement elles le veulent bien, mais elles en sont enchantées : cela les popularise, c'est leur gloire, c'est un triomphe et une consécration. Elles envoient ces images à leurs amis de cœur et les répandent dans leur famille. La petite sœur y puise un noble sujet d'émulation, la mère en pleure de joie, et les camarades en crèvent de jalousie. Pauvres *clowns* de la publicité, misérables créatures, mettant toute leur gloire et toute leur âme à être les jouets banals du public, et rivalisant entre elles avec rage à qui lui sera servie le plus souvent, en chair et en os, nues par en haut, nues par en bas, riant, pleurant, grimaçant à volonté, montrant les dents, tirant la langue, faisant l'œil en coulisse, découvrant la gorge, cambrant les hanches, arrondissant la poitrine, en matelotes, en salmis, au beurre noir, à la crapaudine!

Revenons aux photographes des rez-de-chaussée.

Voici une affiche que j'ai copiée à la devanture de l'un d'entre eux :

PHOTOGRAPHIE DES FAMILLES
X***, *Piémontais*
MENTIONNÉ PAR *LE SIÈCLE* DU 19 SEPTEMBRE
Élève de M. Disdéri
PHOTOGRAPHE DE S. M. L'EMPEREUR
Rabais de moitié pour MM. les militaires
SALON SPÉCIAL POUR LES NOUVEAUX MARIÉS
Portraits instantanés
Ressemblants toute la journée.

C'est simple, mais c'est beau.

Le département des charlatans et saltimbanques est le plus curieux de tous. On y trouve des femmes à barbe, des veaux à deux têtes, des sauvages dévorant des carottes crues avec une voracité indomptable, des phénomènes de tout genre, des nains, des géants, et surtout des femmes colosses. Tant qu'il y aura des saltimbanques et des badauds, la femme colosse sera par excellence la grande *attraction*.

Pour ma part je connais actuellement trois femmes colosses sur le parcours des nouveaux boulevards ; je les ai vues, je leur ai parlé. La plus remarquable des trois a dix-huit ans, à ce qu'assure l'affiche, et cette jeune personne pèse 250 kilog. Une annonce mirifique, qui trahit des intentions très-littéraires, occupe les deux côtés de la porte d'entrée :

« Venez voir la magnifique géante, née dans
« la Nouvelle-Castille, éclose comme une fleur
« des tropiques sur les bords du Guadalquivir,
« dont les eaux, semées d'or et d'argent, arrosent
« les rives enchantées de la belle Andalousie, et
« baignent Séville, cette superbe capitale, con-
« sidérée comme la huitième merveille du monde.

« Elle a l'honneur de donner ici ses séances
« publiques, destinées à toutes les classes de la
« société, à tous les âges et à tous les sexes.

« La devise de la reine des géantes est *politesse*,
« décence et SOURIRE ! »

Au-dessus s'étend une toile superbe, une œuvre d'art, signée du nom de Mauclair, le peintre ordinaire de MM. les saltimbanques. Elle représente la reine des géantes en costume de Célimène, un éventail à la main, la robe coquettement retroussée jusqu'au genou, ainsi qu'il se pratique dans le grand monde, et entourée d'un groupe d'hommes comme il faut, de belles dames et d'officiers supérieurs, dont les gestes et les attitudes sont empreints d'une profonde admiration.

Séduit par les sollicitations du pitre, qui a une bonne figure, pleine de candeur et de conviction, j'entrai. Le pitre me présenta à la reine des géantes, qui m'accueillit avec une politesse exquise ; il m'assura d'ailleurs qu'elle avait reçu une éducation distinguée.

C'est peut-être elle qui a rédigé l'annonce.

Nous étions seuls. Elle me demanda un cigare. Le pitre m'expliqua que le médecin lui conseillait de fumer pour maigrir.

Un peu plus loin, le *grand spectacle oriental* vous offre la représentation de la *Prise de Pékin*. A la porte, un monsieur bien mis, mais râpé, parlant en termes élégants, mais émaillés de *cuirs*, annonce le spectacle :

« On verra, dit-il avec une fougue entraînante,
« les colonnes se former en masses serrées pour
« marcher à l'assaut du palais d'été. On verra
« les murailles s'écrouler avec fracas. On enten-
« dra le bruit de la trompette et du tambour, se
« mariant à la grande voix du canon. »

Une chandelle d'un sou et des fusées de deux liards représentent à merveille les bombes et les boulets. L'écroulement des murailles se résume en deux morceaux de carton disjoints et renversés à l'aide d'une ficelle; les colonnes serrées se composent de quatre soldats et d'un général découpés tout d'un bloc dans une image d'Épinal et collés sur bois; un bonhomme, poussant devant lui une brouette de papier, montre en action les travaux de sape et de mine de l'armée française ; un autre, s'avançant par soubresauts saccadés, figure la fuite du Fils du ciel et de son peuple. Mais quoi ! le propre de l'art le plus élevé est justement de faire beaucoup avec peu de chose. Je ne puis me lasser d'admirer le génie du saltimbanque. Vous eussiez donné ces bonshommes, hauts de deux pouces, à M. Victorien Sardou lui-même, qu'il eût été bien embarrassé d'en tirer parti, tandis que le directeur de ce modeste établissement, sans subvention, a trouvé moyen d'en faire sortir successivement la victoire de l'Alma, le siége de Sébastopol, la bataille de Magenta, et saura, au besoin, quand les comédies guerrières ne donneront plus, en tirer le drame du *Courrier de Lyon*.

On rencontre même parfois des spectacles instructifs et utilitaires, par exemple, ceux des messieurs qui ont inventé quelque chose, qui exposent un nouveau système d'aérostats ou de cabinets inodores.

Il y a quelque temps, un ancien professeur de mathématiques, de plus Allemand, exhibait, dans un rez-de-chaussée du boulevard de Magenta, le flûteur de Vaucanson, revu, perfectionné et augmenté : une femme, assise, avec un larynx en caoutchouc, doué d'une voix qui a une étendue de deux octaves, comme celle des fortes chanteuses, et exécutant toute sorte d'airs avec le timbre et l'accent, je n'ose dire avec l'intelligence d'une prima donna. Cette machine a dû coûter cher, moins cher toutefois qu'il n'en coûte au Conservatoire pour former et à l'Opéra pour payer un premier sujet. Qu'on juge des services qu'elle peut être appelée à rendre, le jour où les directeurs aux abois auront à lutter contre une grève des ténors. Ce tube en caoutchouc serait merveilleux pour les points d'orgue de madame Cabel; et, comme il ne craint pas les courants d'air, qui empêcherait de le faire chanter dans la coulisse, pendant que M. Mario, si souvent enrhumé, se bornerait sur la scène à ouvrir la bouche et à se livrer à une mimique expressive?

Vous trouverez aussi, parmi les saltimbanques utilitaires, des marchands de pommades pour les cheveux et d'onguent pour les cors, s'il est permis de ranger ces artistes parmi les saltimbanques. Vous avez vu sans doute, boulevard de Sébastopol, un pédicure accompagné d'une femme en châle jaune et d'un hibou. Une fenêtre sans vitres leur sert d'encadrement. Tous trois sont graves, mais le hibou est le plus grave des trois. La femme se tient droite et regarde les passants, qui regardent le hibou. Le hibou et le pédicure regardent aussi les passants.

Le pédicure est assis, mais le hibou, comme la femme, se tient perché tout le jour sur ses pattes. Le pédicure a une physionomie engageante. De temps en temps, il se lime les ongles et se cure les dents; alors la foule, toujours amassée devant son étalage, le regarde lui-même avec une curiosité avide. Une grande pancarte, plantée comme une bannière sur le devant de la scène, représente un monsieur très-distingué, un artiste, coupant un cor à une dame avec tant de dextérité et de belles façons que la dame lui sourit d'un air tout à fait heureux. Au-dessous, la légende explique que le pédicure a été admis à l'honneur de soulager un ancien ministre et plusieurs facteurs de la poste aux lettres. Toutes les dix minutes, le pédicure se lève et frappe la pancarte avec une baguette; alors la foule regarde la pancarte, — et c'est tout.

Je voudrais bien savoir à quoi pense la femme du pédicure, à quoi rêve le hibou!

On voit que le pittoresque ne perd jamais entièrement ses droits. Chassé du plein soleil, il trouve un asile dans les coins. Traqué de rue en rue, il s'installe au jour le jour dans des abris provisoires, qu'on lui ferme le lendemain. Il s'accroche partout, et tire parti même de son plus cruel ennemi. Comme le lièvre qui se réfugie entre les jambes du chasseur, le pittoresque aura prolongé sa vie en se précipitant au cœur même de la place, et il aura fait sa dernière apparition et obtenu son dernier triomphe dans les lieux destinés à lui servir de tombeau.

VIII

LES MONUMENTS

Le nouveau Paris a été rempli, bourré jusqu'au bord de monuments dans tous les styles et dans toutes les dimensions, comme ces jardins hollandais où leurs propriétaires entassent les *curiosités* par centaines, — rochers, bassins, grottes, statues, kiosques et cabinets. On n'a pas seulement tracé des squares, percé des boulevards, aligné des rues, déblayé et gratté les anciens édifices; on a élevé des palais et des halles, des églises et des théâtres, des hôpitaux et des casernes, des tours, des ponts, des fontaines. On a préparé sur tous les points de la ville une ample matière aux descriptions des *Guides*, à l'admiration des provinciaux et à la jalousie des Anglais.

Le premier de ces monuments, par sa date et par son importance, c'est le nouveau Louvre. Le régime actuel aura eu la gloire de mener rapidement à terme, grâce à la précaution qu'il avait prise de supprimer au préalable tous les obstacles, cette réunion des deux grands palais monarchiques, rêvée par Henri IV, Louis XIV et Louis-Philippe; rêvée surtout, comme la continuation de la rue de Rivoli, par Napoléon Ier, dont Napoléon III semble s'être proposé de reprendre tous les projets pour les achever; décrétée par le gouvernement provisoire, et toujours restée à l'état théorique. En cinq ans, moins de temps qu'il n'en faudra pour l'Opéra, l'œuvre a été définitivement achevée. Jetons un coup d'œil, puisque nous ne pouvons rien faire de plus dans les limites de ce volume, sur ce colossal impromptu de pierre et de marbre.

Au point de vue purement artistique, l'entreprise offrait des difficultés spéciales, dont il est juste de tenir compte. Le Louvre et les Tuileries, construits isolément et sans aucune idée de réunion future, ne sont pas situés dans le même axe : on a dissimulé cette divergence, d'ailleurs peu sensible, par la création de deux squares destinés à rompre la perspective, mais qui ne peuvent masquer le défaut de parallélisme des pavillons centraux qu'en masquant ces pavillons eux-mêmes, et tout au moins une partie des bâtiments, c'est-à-dire en cachant précisément le coup d'œil qu'on a voulu produire. Heureusement, ces squares sont plantés d'arbres parisiens, dont le maigre rideau de verdure laisse de nombreux interstices à la vue. Il fallait trouver, en outre, pour les constructions nouvelles, une forme qui s'harmonisât à la fois avec l'architecture du Louvre et avec celle des Tuileries, deux édifices bâtis à des époques diverses et d'un type complétement distinct, dont les parties mêmes, successivement greffées de siècle en siècle sur le tronc central, présentent des échantillons de tous les styles et des traces de toutes les fantaisies.

Cette tâche était de celles qui ne s'improvisent pas, et nous sommes sûr de n'étonner ni M. Haussmann ni M. Lefuel, en constatant qu'ils n'y ont que fort incomplétement réussi. Sans doute, à l'aide d'artifices élémentaires, on a bien pu voiler çà et là les différences de niveau des bâtiments et tourner quelques autres obstacles d'un ordre subalterne; mais, sur des points plus importants, les dernières constructions n'ont fait que mettre en relief ces discordances qu'elles devaient atténuer, et en accroître considérablement le nombre. Si l'on examine la façade récemment élevée sur la rue de Rivoli, on s'aperçoit que l'architecte, entraîné par le désir de créer un riche vis-à-vis au Palais-Royal, en a brusquement changé le style à la partie centrale, dont les panneaux sculptés, les ornements de la frise et des baies, la riche décoration, imitée de la fin du seizième siècle, jurent avec la simplicité sévère du reste de la façade. Dans l'aile neuve qui clôt à l'ouest, en retour d'équerre, le petit jardin ouvert sur la même rue, les fenêtres, sans cesser de reproduire la forme et les moulures de celles du vieux Louvre, prennent tout à coup une dimension différente, assez sensible pour blesser l'œil et briser désagréablement la perspective. Autant qu'on peut le deviner sous l'appareil d'échafaudages qui l'enveloppent du haut en bas comme une carapace, la reconstruction du pavillon de Flore va ajouter un trait de plus à cette confusion fâcheuse. Le gros œuvre du bâtiment, avec ses disgracieux œils-de-bœuf surmontés de petites lucarnes de deux ou trois pieds carrés, pareilles à celles d'un grenier, ne rappelle en rien jusqu'à présent l'architecture de Philibert Delorme, non plus que celle de Ducerceau. Le pan de galerie neuve adjacent à ce pavillon ne reproduit pas non plus le type de la galerie du bord de l'eau, qu'il déborde par une saillie de cinq ou six mètres, en faisant pour ainsi dire planer sur elle la menace assurée d'une démolition prochaine[1].

[1] Aujourd'hui, la menace est accomplie. Il paraît qu'on avait conçu des craintes sur la solidité de cette galerie; mais ces

Il serait facile de multiplier ces observations. Les incohérences que nous venons de signaler, d'autres encore, dont l'énumération ne pourrait trouver place que dans un travail technique, ne sont pas, comme celles de l'ancien Louvre, le résultat naturel de la nécessité des circonstances et de la diversité des temps ; elles sont nées de cette espèce de vagabondage artistique dont toutes les œuvres architecturales de ces quinze dernières années nous offrent le

craintes, venues à point nommé, et qui font honneur au zèle ingénieux de l'édilité actuelle, ont dû se convaincre qu'elles étaient singulièrement prématurées, devant ces fondations d'une solidité prodigieuse qui a opposé une résistance héroïque au vandalisme des pioches et des leviers conjurés contre elles. En restera-t-on là, du moins? M. Berryer a eu l'indiscrétion de le demander en pleine Chambre, dans la séance du 28 mai 1864, et l'organe du gouvernement a bien voulu le rassurer, en affirmant d'une façon solennelle qu'on n'avait pas *actuellement* l'intention de reconstruire en entier les Tuileries. Cet adverbe a fait frémir tous ceux qui sont au courant du vocabulaire officiel, et il suffit de jeter un coup d'œil sur les derniers travaux pour être fixé sur la valeur de cette réponse. Tout en professant le respect qui sied pour les paroles de l'orateur du gouvernement, on peut prédire, sans crainte de démenti et sans avoir la prétention de se poser en prophète, que le nouveau pavillon de Flore exigera un nouveau pavillon de Marsan, et que la reconstruction de la galerie du bord de l'eau entraînera celle de la galerie qui longe la rue de Rivoli. Nous serons trop heureux si l'on ne va pas plus loin.

curieux et triste témoignage; elles viennent de la précipitation fiévreuse et meurtrière avec laquelle on veut *bâcler* en trois ou quatre ans la tâche d'un demi-siècle.

Et pourtant ce ne sont là que les moindres griefs de la critique contre le nouveau Louvre. Elle doit lui adresser un reproche plus grave et qui porte plus haut. Du centre de la vaste place dessinée par le périmètre des deux palais, promenez un regard attentif sur l'œuvre de Visconti et de son successeur : ce qui vous frappera tout d'abord, en contraste avec l'abondance et la richesse des moyens mis en jeu, c'est la pauvreté de l'effet général. Si le grand art, suivant la définition des maîtres, est celui qui produit le plus d'effet avec le moins d'effort, le nouvel édifice est précisément le contraire du grand art. Cette médiocrité de l'effet tient en partie sans doute au peu d'élévation relative de cet immense parallélogramme de bâtiments, dont le niveau, suffisant pour la cour intérieure du Louvre, n'est plus ici proportionné à l'extension du point de vue; mais elle tient encore plus à l'absence de grandes lignes architecturales, au manque de style, à la stérilité de l'invention remplacée par l'exubérance de la décoration. Il faut étudier de près, fragment par fragment, cette œuvre de détails, sans chercher à l'embrasser dans l'harmonie d'un coup d'œil d'ensemble. Il y a trop d'arabesques, de colonnes, d'acrotères, de statues, de bas-reliefs, de cariatides (un ornement que nos architectes prodiguent aujourd'hui sans mesure et souvent à faux) : plus l'art est élevé, plus il est sobre de ce faste décoratif, dont l'abus ne sert qu'à prouver son impuissance et l'étouffe au lieu de l'aider. Avec une simple ligne, gracieuse ou sévère, il en dit plus qu'avec toutes ces pompes amollies de la décadence, avec cet étalage théâtral qui fait ressembler le nouveau Louvre à un décor d'opéra, auquel il manque seulement, pour produire toute son impression, d'être éclairé par un jet de lumière électrique.

D'après le rapport de M. le ministre d'État, qui énumère scrupuleusement les kilogrammes de fonte, les mètres cubes de béton, les mètres carrés de zinc et de peinture à l'huile absorbés par cet immense ouvrage, il y a deux cent soixante et un morceaux de sculpture répartis dans les nouvelles constructions. C'est assurément la moitié de trop, pour le moins, si l'on en veut retrancher tous ceux dont l'effet est nul ou contraire au but qu'on se proposait. Ces longues files de statues, par exemple, qui s'alignent au-dessus des portiques, à l'aplomb de chaque colonne, écrasent l'architecture par leur masse, et, pour peu qu'on les examine à distance, elles confondent leurs profils sur la muraille du fond et se dérobent à la vue. Le luxe dépasse surtout la mesure dans les trois pavillons en avant-corps qui coupent chacune des façades neuves, et il est rendu plus sensible encore par le contraste avec les grandes surfaces planes et nues des galeries intermédiaires. Là, comme dans la partie centrale de la façade sur la rue de Rivoli, « ce ne sont que festons, ce ne sont qu'astragales. » Le regard monte de la base au sommet sans pouvoir trouver un point de repos, pas même sur les toits, dont les arêtes se cachent sous des ouvrages en plomb repoussé, d'un travail compliqué et minutieux, et dont les lourdes et bizarres cheminées forment à elles seules autant de monuments fantastiques du goût le plus extravagant. Cette ornementation implacable, en fatiguant l'œil par son éblouissement banal et continu, finit par blesser cruellement le goût. On se sent noyé, éperdu, désorienté devant cette profusion inouïe, qui ne vous laisse même plus la faculté de discerner les nuances; et, pour ma part, au sortir de cet examen, je me suis surpris plusieurs fois à contempler avec bonheur les grandes murailles blanches des plus humbles maisons voisines.

L'architecte a donné à son œuvre la toilette excessive d'une parvenue. On a envie de lui appliquer le mot de ce peintre ancien à son confrère : « N'ayant pu la faire belle, tu l'as faite riche. » Il n'y a pas trace d'une idée élevée, ni même d'une idée, dans cet ambitieux tapage de détails qui, considérés isolément, ne sont point

sans mérite, mais ne semblent se réunir que
pour se nuire l'un à l'autre, et que je comparerais
volontiers à ces concerts à grand orchestre où
nulle phrase mélodique ne se dégage du déluge
de notes et du fracas des instruments, où la so-
norité de la musique étonne les sens, et ne dit
rien à l'esprit ni à l'âme. L'art a perdu là une de
ces occasions solennelles comme il ne s'en rencontre pas deux en un siècle, même avec des
préfets tels que M. Haussmann. Le nouveau
Louvre est grand par l'étendue, il ne l'est point
par la pensée ni par le style. « Il demeurera, aux
yeux de la postérité, comme le type colossal du
mauvais goût, » a pu dire M. de Montalembert,
avec une sévérité qui n'est que de la justice. Un
douloureux sentiment s'empare de l'observateur
à l'aspect de tant de talent, d'habileté, de zèle et
de dépenses prodigués en pure perte, d'un si vaste
déploiement de forces pour aboutir à un si maigre
résultat. Que l'administration se vante de la
merveilleuse rapidité de cette immense improvisation, qui suffit, en effet, à justifier bien des

étonnements, c'est son droit ; mais le nôtre est de lui répondre par le mot d'Alceste : « Le temps ne fait rien à l'affaire, » — ou par le vers du poëte :

Le temps n'épargne pas ce qu'on a fait sans lui.

Je ne sais si mes lecteurs se souviennent encore du sujet proposé par l'Académie des Beaux-Arts, lors du dernier concours d'architecture pour le prix de Rome, et de la manière dont les élèves l'avaient traité. Il s'agissait du *plan d'un escalier principal pour le palais d'un souverain*, matière pleine d'actualité en présence de la reconstruction d'une partie des Tuileries. Sans doute, la maison pure et simple n'est pas admise à l'Académie, qui ne connaît que les palais, ou tout au plus les maisons romaines, comme celle du prince Napoléon : il était permis toutefois de voir dans ce programme une avance et une galanterie, dont elle a été bien mal récompensée par le décret du 15 novembre. En se bornant à demander un escalier, l'Académie avait fait acte de prudence. Par le luxe inénarrable de dorures, d'arabesques et de statues que les jeunes élèves, déjà rompus aux traditions présentes, avaient déployé dans ce fragment, on pouvait juger sans peine, mais non sans effroi, de ce qu'ils auraient mis dans un palais tout entier. Impossible de se conformer plus scrupuleusement au programme, qui recommandait, avec une sollicitude naïve, d'y prodiguer toutes les magnificences de l'art. Quel escalier, bon Dieu! Non, les palais cyclopéens de Ninive et de Babylone n'en avaient point de pareil. Instinctivement, le regard cherchait au bas des marches la reine Sémiramis, montée sur son éléphant blanc. Le fameux grand escalier du Louvre, où Percier et Fontaine avaient tenu à se surpasser, et dont le plafond était le chef-d'œuvre d'Abel de Pujol, cet escalier modèle qu'on a tout simplement démoli, comme s'il se fût agi d'une cloison, pour opérer un changement de distribution intérieure, eût paru digne à peine d'une chaumière à côté de ces conceptions gigantesques. M. Haussmann a mis le trouble et le vertige dans l'imagination de ces jeunes gens, dont le dévergondage architectural avait de quoi faire dresser les cheveux sur la tête aux membres de la commission municipale, s'il leur reste encore des cheveux.

D'après le plan de Perrault, lorsqu'il eut élevé la colonnade du Louvre, l'église Saint-Germain-l'Auxerrois devait disparaître pour laisser le champ libre à une vaste place. Ce temps n'avait guère plus de respect que le nôtre pour l'antiquité nationale, et la *barbarie* gothique en particulier choquait toutes ces intelligences éprises de la noble régularité grecque. Aujourd'hui que la passion de dégager les monuments ne connaît plus de limites, on pouvait craindre que l'administration ne se souvînt du projet de Perrault. Un louable scrupule l'a fait reculer. Mais, après avoir si généreusement sacrifié l'une de ses manies, elle s'est dédommagée en donnant pleine carrière à l'autre : celle de l'alignement. Elle a cru dissimuler le défaut de parallélisme de l'église avec le palais, parce qu'elle l'a reporté sur une construction neuve qui ne fait, en le répétant, que l'accentuer davantage. Elle a voulu créer un pendant à un temple gothique avec une mairie, sans tenir compte de la diversité des siècles ni de celle des destinations, ou plutôt en tâchant de les combiner en un compromis barbare et monstrueux, qui reste absolument sans excuse aux yeux du bon goût et du bon sens. Ce que je vais dire ressemble à un blasphème artistique, et pourtant je le dis sans hésiter : mieux valait encore reprendre le plan de Colbert et de Perrault, et raser l'église, que de la déshonorer par cette hideuse association ; que de lui river, en guise de boulet, cette copie bâtarde et dérisoire, où l'on a marié de force le seizième siècle avec le treizième, fait de la Renaissance avec les formes et les lignes du style gothique, du gothique en supprimant l'ogive, et qui reproduit son modèle avec la fidélité gravement bouffonne d'une caricature enfantine.

Une tour, ou plutôt une quille de pierre, mélange incompréhensible et prétentieux de tous les styles, et dont on cherche en vain la raison d'être, sert de trait d'union entre ces deux monuments qui, suivant le mot de J.-B. Rousseau, hurlent d'effroi de se voir accouplés. Cela fait, l'administration, saisie d'un mouvement de remords et de honte, s'est empressée de planter au devant cinq ou six rangées d'arbres pour en cacher l'aspect; mais, par une contradiction fâcheuse, elle va placer dans la tour, sans doute pour qu'elle serve à quelque chose, un carillon dont le tort sera de forcer les passants à lever la tête et à regarder le beffroi en entendant le concert.

Je ne crois pas que jamais l'architecture publique ait rien produit qui puisse rivaliser de ridicule et d'extravagance avec cette tour et cette mairie, devant lesquelles l'imagination recule confondue, et qui désarment la critique à force de la déconcerter. Mais ce n'est pas sur l'architecte qu'il faut faire retomber la responsabilité de cette conception. Je plains, je ne condamne pas cet instrument quasi-passif, chargé de la besogne matérielle, et responsable d'une œuvre qui n'est point la sienne. Il n'y a plus aujourd'hui d'architecture artistique ; il n'y a qu'une architecture d'État, la contre-partie de ce journalisme officiel qui signe ses articles et ne les écrit point. L'idée première appartient évidemment à l'administration, et il était impossible qu'elle aboutît autrement. Que peut faire un malheureux artiste à qui l'on demande, c'est-à-dire à qui l'on impose d'exécuter, en quelques mois, une *mairie renaissance*, en la copiant sur une *église gothique?* Vitruve lui-même ne s'en fût pas tiré. Il est vrai qu'en pareil cas on a la ressource de s'abstenir ; mais c'est un parti extrême qu'il serait cruel d'exiger des architectes, dans leurs rapports avec la ville de Paris. Nous pousserons la charité envers l'homme de talent qui a dû passer sous ces rudes fourches-caudines de l'idée municipale, jusqu'à couvrir son nom d'un voile pudique et compatissant.

Malgré ses énormes, ses lamentables défauts, le nouveau Louvre, par la richesse et l'agrément de quelques parties, par le talent de détail qu'on y trouve, reste le chef-d'œuvre des travaux entrepris depuis douze ans à Paris, et il brille comme un soleil au-dessus des autres palais qu'on nous a construits dans le même intervalle.

Que dire, par exemple, du palais de l'Industrie, ce grand bâtiment lourd, monotone, d'une architecture massive et froide, à peine variée par des pavillons sans relief et sans style? De quelque endroit qu'on l'examine, il produit, au milieu des arbres de cette royale promenade, l'effet d'une immense cage de pierre et de verre déposée sur le sol, en attendant qu'on l'emporte. Tant qu'il était destiné à recevoir seulement les produits industriels, on pouvait lui trouver un caractère de solidité et de gravité suffisamment approprié à son but; mais, en dépit du titre que l'habitude lui conserve, c'est aujourd'hui l'édifice où l'art tient chaque année ses assises, et il ne répond pas à la grandeur de cette destination.

Ce malheureux palais a été si mal conçu que le but qu'on s'était proposé en le créant est justement celui pour lequel il est le moins propre. Il peut servir, et, en réalité, il sert à toute sorte d'usages, sauf à celui-là. Habituellement il est vide et ne semble avoir été construit que pour loger son jardin. Dans les intervalles des expositions de beaux-arts, les orphéons y donnent des concerts ; on y organise des banquets, des assemblées, des expositions de fleurs ; on y met des chevaux, des porcs, des brebis ou des volailles grasses. C'est un local pour tout faire, comme la grande salle de Lemardelay ou de l'Hôtel du Louvre. Mais quand il s'agit d'une exposition de l'Industrie, comme celle qui se prépare pour l'année 1867, on s'aperçoit que ce Palais de l'Industrie ne peut servir à rien, et qu'il faudra en élever un autre à côté, en couvrant de bâtisses provisoires tout le Champ de Mars.

Le nouveau Palais, ou plutôt la nouvelle façade du Palais des Beaux-Arts, sur le quai Malaquais, ne répond pas davantage à son but. Ce pourrait être aussi bien, sinon mieux, celle d'un grenier d'abondance. M. Duban s'est préoccupé avant tout de choisir un motif architectural qui puisse, selon les nécessités de l'avenir, s'étendre, en se répétant, par une simple juxtaposition à droite et à gauche, de telle sorte que l'unité de l'ensemble n'ait point à souffrir de raccords disparates. Mais, — sans s'arrêter plus qu'il ne faut à une œuvre secondaire, qui n'est après tout qu'une façade latérale, l'entrée d'une annexe, — il est impossible d'y reconnaître un style nettement déterminé, et l'on est en droit de lui reprocher la pauvreté de l'ornementation, le peu de caractère de l'ensemble, la singulière gaucherie de ces vastes baies, dont les plus larges dominent les plus étroites, et de ces énormes œils-de-bœuf alignés au sommet, d'où ils écrasent les étages inférieurs sous leur poids. Comme la cariatide, l'œil-de-bœuf est en grande faveur aujourd'hui, et l'on sait le désastreux effet qu'il produit encore dans la grande salle des États au Louvre, ce *hangar* splendide et difforme, sorte de joujou grandiose et inutile, qu'on ne peut que montrer, sans pouvoir s'en servir. Faut-il voir dans ce double triomphe une de ces lois de l'art qui sont fondées sur la secrète logique et le mystérieux symbolisme des choses ?

Puisque nous sommes sur la rive gauche de la Seine, nous ne la quitterons pas sans avoir visité la fontaine Saint-Michel : triste visite, que nous abrégerons. Ce monument, édifié à grand labeur, dans des proportions colossales, sur le plus beau boulevard du nouveau Paris, n'est qu'un immense avortement artistique, devant lequel l'esprit le plus indulgent se sent frappé de surprise par la disproportion évidente de l'effort et du résultat. Toutes les splendeurs de la décoration n'ont même pu sauver la mesquinerie du premier aspect. La faute en est un peu, nous le reconnaissons, au parti pris d'adosser la fontaine à une maison construite dans des conditions défavorables, dont il a fallu subir la dure tyrannie. Évidemment, M. Davioud a été mis au supplice par cet énorme bâtiment, qu'il n'a pu parvenir à masquer en entier : l'élévation de la toiture lui a commandé celle du décor, et les deux aigles de plomb n'ont été plantés aux deux extrémités de ce terrible toit à plans convexes que pour le rattacher tant bien que mal au monument ; mais rien n'a pu cacher la longue et prosaïque perspective des fenêtres, des lucarnes et des tuyaux de cheminée qui semblent converger au groupe de l'archange saint Michel. L'absence de soubassement de la fontaine, qu'on n'a même point rehaussée sur un socle pour aider au coup d'œil, et dont le bassin inférieur domine le trottoir de trente centimètres à peine, lui donne une épaisseur uniforme dans toute son étendue ; et, à la voir ainsi plaquée et comme écrasée contre le mur, on la prendrait de loin pour une de ces couvertures en carton gaufré, si fameuses dans les distributions de prix des écoles primaires.

Ce ne sont là toutefois que des explications secondaires : il faut chercher les principales dans la sécheresse et l'incohérence de l'invention. Incohérence, c'est le nom de la fontaine Saint-Michel. Comme presque tous les monuments du nouveau Paris, et à un plus haut degré encore, elle révèle l'absence d'une conception forte, d'une idée dominante et suivie. On dirait une juxtaposition de pastiches divers, composés isolément par cinq ou six artistes, et soudés ensuite l'un à l'autre. Autant de parties, autant de styles : ici du grec, là du romain, ailleurs de la Renaissance et du dix-septième siècle. Autant d'ornements, autant d'idées sans lien et sans harmonie. Du moins ne puis-je deviner par où le groupe de l'archange terrassant le démon, centre et point de départ du monument, se rattache aux petits Amours enguirlandés de la frise et aux mythologiques Chimères qui flanquent les vasques inférieures; quel est le lien invisible des abeilles, des aigles du faîtage, des boucliers de bronze aux armes impériales, avec les cartouches marqués des initiales de Saint Michel et des insignes du vieil ordre monarchique institué par Louis XI?

On a voulu suppléer à la richesse de la conception par celle de l'exécution, en poursuivant la variété par l'emploi hasardeux des matériaux multicolores; on n'est arrivé qu'à la bariolure, sans parler des graves inconvénients qu'entraîne, pour la proportion apparente des objets, le défaut d'accord et d'harmonie dans ces teintes diverses. Si, par exemple, les quatre colonnes qui encadrent la niche centrale paraissent à la fois si maigres et si lourdes, il ne faut pas l'attribuer seulement aux dimensions disproportionnées de leurs bases et de leurs chapiteaux, mais à la façon disgracieuse dont le marbre blanc veiné des deux extrémités se relie au marbre rouge des fûts.

Une fois l'œuvre terminée, l'administration s'est aperçue de ces disparates : il était un peu tard, mais elle va si vite qu'elle n'a jamais le loisir de s'en apercevoir auparavant. Alors elle a entrepris les ratures et les corrections qui ont paru le plus indispensables. Elle a supprimé les anges qui menaient les Chimères en laisse ; elle a remplacé, à l'attique, les plaques de marbre de diverses couleurs par une frise symbolique, représentant de petits génies qui jouent dans de vastes rinceaux. Mais c'est la fontaine tout entière qu'il eût fallu reprendre de fond en comble.

On ne refait point un poëme manqué en y changeant quelques vers et en y corrigeant deux ou trois solécismes.

Ces échecs répétés, qui semblent le dernier mot de toutes les entreprises de l'administration urbaine, tiennent d'abord à la précipitation de sa marche, comme nous l'avons dit, car rien ne s'improvise moins que la pureté du style, l'harmonie des lignes, et cette beauté d'ensemble qui résulte de la variété dans l'unité ; mais ils tiennent aussi à l'absence de principe, à l'immixtion continuelle de l'idéal administratif, tantôt absolu comme un système, tantôt ondoyant et divers comme un caprice, dans l'idéal artistique, qu'il modifie et pétrit à son gré, — à l'intervention évidente de conceptions et de volontés contradictoires dans chaque monument public.

Le lecteur ne connaît peut-être pas la longue filière par où doit passer tout projet avant d'arriver à son exécution, et l'interminable hiérarchie d'architectes sectionnaires et divisionnaires, d'inspecteurs, de commissions, qu'il doit escalader

degré par degré, au hasard de laisser un lambeau
de l'idée primitive à tous les pas de cette marche
laborieuse. L'artiste choisi fait d'abord un plan
préalable, accompagné d'un devis sommaire, d'après les instructions qu'il reçoit d'un chef de
bureau, et en se conformant aux indications générales, aux dimensions et à la forme du terrain
concédé, aux conditions matérielles tracées par
l'administration, qui n'est pas précisément et qui
n'a pas mission d'être un corps artistique. Il le
soumet à l'un des architectes chargés de la direction particulière des édifices. Quand tous deux
sont d'accord, et il faut bien que le premier finisse toujours par tomber d'accord avec le second,
l'avant-projet va à l'architecte en chef de la ville
de Paris, qui l'examine et le modifie encore pour
son propre compte. Quand tous trois sont d'accord, il passe au conseil des architectes, qui
fait lui-même ses observations et ses retouches. Puis il arrive au préfet, qui recommence
l'examen, indique des modifications nouvelles, ou
approuve. C'est alors seulement qu'est tracé le

projet définitif, qui repasse par la même filière pour y subir derechef les mêmes épreuves, et finit, après cette odyssée dont Ulysse eût été jaloux, par aborder au rivage de la commission municipale, qui alloue ou refuse les fonds. Il faut lui rendre cette justice qu'elle ne les refuse jamais.

Et je n'ai indiqué que les étapes officielles, qui parfois se compliquent de quelques autres. Qui oserait, par exemple, refuser au chef de l'État le droit d'intervention et de décision souveraine, même lorsque les travaux sont en cours d'exécution? Ce droit, il l'a, et il en use; il n'est pas besoin de dire que ce n'est jamais que pour le plus grand bien de l'art : on nous l'a souvent assuré, et nous ne commettrons point la mesquine impolitesse de le mettre en doute.

Mais, — en dehors, bien entendu, de cette dernière intervention, purement facultative,—il n'en est pas moins vrai que cette longue filière, qui semblerait devoir être une garantie, n'est le plus souvent qu'une gêne. Le projet soumis au vote bienveillant de la commission municipale n'entre au port que comme ces vaisseaux radoubés, qui ont été contraints de relâcher ici pour refaire leur carène, là pour acheter de nouvelles voiles, plus loin pour reconstruire leur grand mât, ailleurs pour remplacer leur équipage. Modifié par l'un d'après ses fantaisies et ses préférences personnelles, par l'autre d'après ses idées et ses traditions d'école, tiré au romain par celui-ci, ramené au grec par celui-là, nuancé d'assyrien par un cinquième, subissant le contre-coup de toutes les volontés contradictoires, de toutes les variations qui surviennent dans les conditions matérielles, dans les chiffres de la somme et les proportions du terrain alloué, il ne garde plus rien de l'esprit qui l'a conçu. Ah ! que nous comprenons bien le gémissement de l'une des plus déplorables et des plus illustres victimes du système, qui s'écriait un jour en parlant de son monument : « Je ne puis me résoudre à passer devant. Toutes les fois que mes affaires me conduisent de ce côté, je baisse la tête et je fais un détour. »

Le principal personnage de cette hiérarchie artistique, le seul maître, ce n'est pas l'architecte en chef, c'est le préfet de la Seine : il serait naïf de démontrer cet axiome, et non moins naïf de s'en étonner. Ainsi, l'abus de la direction administrative finit par anéantir toute direction artistique, et, sur ce point du moins, l'excès de la centralisation nuit à l'unité. C'est par là que s'expliquent, d'une part, l'aspect décousu de tant de monuments; de l'autre, le retour permanent, par-dessus toutes ces fantaisies qu'il absorbe et recouvre de sa domination, de ce style neutre, impossible à définir, mais reconnaissable au premier coup d'œil, que la postérité baptisera le style Haussmann, comme on dit le style Louis XIV et le style Pompadour.

De la fontaine Saint-Michel, il n'y a, pour arriver à la place du Châtelet, que la Seine à franchir, en passant entre le Palais de Justice restauré et le nouveau Tribunal de commerce. Arrêtons-nous un moment devant ce dernier, pour contempler le dôme qui semble poussé comme une superfétation bizarre sur le toit de cet édifice juridique, où il ne peut avoir d'autre but que de masquer la courbe du boulevard Sébastopol et de clore dignement la perspective. L'histoire de cet ornement postiche, plaqué après coup sur un monument qui n'en avait que faire, serait curieuse et instructive à tous égards. Un jour, je suppose, M. le préfet a vu une photographie représentant le dôme de l'hôtel de ville de Brescia : il est charmé de ce petit morceau ; il appelle l'architecte et lui ordonne de l'adjoindre à son plan. « Mais ce dôme ne répond nullement au caractère de l'édifice, et ne s'harmonise pas avec le système que j'ai adopté. Là-bas il est parfaitement à sa place, ici il fera disparate, et il faudra inventer tout un appareil de raccords disgracieux pour parvenir à asseoir sur la toiture ce supplément inattendu qui va tout gâter. — C'est égal : le dôme me plaît, il répond bien à la gare de l'Est qu'on aperçoit à l'autre bout de l'horizon. Je veux le dôme. » Et l'architecte met le dôme.

Encore une fois, est-ce à lui qu'il faut s'en

prendre, et aurons-nous le courage de le blâmer?

Par le percement du boulevard de Sébastopol et de l'avenue Victoria, comme par le prolongement de la rue de Rivoli, la place du Châtelet est devenue une sorte de vaste carrefour ouvert aux quatre vents du ciel, qui laisse fuir le regard de tous les côtés et n'a, pour ainsi dire, point d'enceinte. Monuments et boulevards semblent s'être donné rendez-vous sur ce chétif emplacement, peu digne d'un tel honneur. Au centre trône la fontaine de la Victoire, qu'on a alourdie par l'adjonction d'un maussade piédestal orné de sphinx, moins alourdie toutefois que la fontaine des Innocents, qui, à force de réparations et de restaurations, en est venue à être méconnaissable. La fontaine du Châtelet a eu son heure de popularité, le jour où une ingénieuse et puissante machine l'a transportée, debout, à douze mètres de sa situation primitive, puis exhaussée sur son nouveau piédestal, absolument comme le cèdre de la butte Mortemart au bois de Boulogne. Les pessimistes chagrins qui nient le progrès du temps présent ne nieront pas du moins celui de nos machines, capables de transférer la colline Montmartre sur la place de la Concorde, au premier signe de M. le préfet, pour en faire le centre d'un square ou la base de l'obélisque.

De chaque côté se dressent deux théâtres, dus encore à M. Davioud, l'un des plus coupables, ou tout au moins des plus compromis, parmi les ministres ordinaires de M. Haussmann. Ces bâtiments étranges, qui ne ressemblent à rien de connu, affichent la prétention de créer un nouvel ordre d'architecture, non encore classé jusqu'à présent dans les *Traités* et les *Manuels* sur la matière. Ce sont des théâtres; on ne sait ce qui les empêcherait d'être des bazars ou des marchés couverts. Sauf quelques ornements des façades, rien n'y indique et n'y caractérise leur but. Les deux édifices, vus en bloc, sont jetés dans le même moule, et reproduisent le même aspect, à la fois bizarre et massif. Un péristyle percé de cinq arcades en plein cintre, immédiatement surmonté d'un foyer dont la disposition extérieure répète celle du rez-de-chaussée, puis d'un second foyer-terrasse, et le tout couronné en retrait par un attique percé de lucarnes rondes, que domine un toit convexe à pans coupés, semblable au couvercle d'une gigantesque boîte, telle est la physionomie générale de ces monuments. On dirait que chacun d'eux en renferme un second, qui a fini par briser son enveloppe en soulevant la tête.

Au théâtre du Cirque, le premier étage, qui forme galerie, allie à son arcature classique je ne sais quelles ambitieuses réminiscences du style oriental, qui tranchent d'une façon singulière sur le caractère général de l'édifice. Cette façade est, du reste, la moins lourde des deux. Mais au Cirque, comme au Théâtre-Lyrique, les côtés et le derrière, entièrement nus, présentent tout juste l'aspect harmonieux et grandiose d'une caserne. A défaut de lignes architecturales plus savantes et plus variées, n'eût-on pu du moins égayer de quelques décorations accessoires ces longs murs et cette interminable série de fenêtres, dont la simplicité

outrée jure avec la destination des salles comme
avec la physionomie monumentale de la façade,
à laquelle tout le reste a été sacrifié? Il y a ici, de
la part de l'édilité parisienne, une de ces contradictions bien propres à dérouter la critique, qui,
si elle ne peut parvenir à goûter les travaux du
Paris moderne, voudrait du moins en saisir l'esprit général, et cherche de bonne foi à les comprendre et à s'en rendre compte.

Par une autre contradiction, dont je ne me
charge pas de trouver le motif, M. le préfet,
qui partout ailleurs ne recule devant aucune
dépense pour déblayer et isoler les salles de
spectacle, comme il vient de faire pour le
Théâtre-Français, s'est appliqué à entourer le
Cirque d'un cordon de maisons particulières,
destinées à des cafés, à des boutiques, à des
hôtels garnis, et d'un caractère si peu architectural, que, à peine bâties, il a fallu se mettre
en frais considérables pour dissimuler leur déplaisante apparence, en attendant peut-être qu'on
les supprime. Il eût été plus simple de ne pas les

bâtir. L'administration aura été prise cette fois d'un de ces accès d'économie qui saisissent de temps en temps les prodigues, et leur font mettre de côté un bout de chandelle au moment même où ils jettent les billets de banque par la fenêtre. Ou peut-être a-t-elle voulu apporter un léger tempérament à un état de choses auquel elle aura largement contribué pour sa part, et interrompre par quelques maisons habitées cette longue ligne d'édifices et d'établissements publics, qui, prolongée à droite et à gauche sur presque toute l'étendue des quais, a pour conséquence naturelle d'en détruire l'animation, d'en faire la nuit des endroits particulièrement déserts et dangereux, et d'isoler les deux rives de la ville en reculant leurs points de contact.

L'instinct populaire, si apte à découvrir du premier coup le défaut saillant d'une œuvre, celui par où elle touche au ridicule, et à le résumer d'un mot, a trouvé une métaphore trivialement pittoresque pour exprimer son jugement sur les théâtres de la place du Châtelet. Il les a comparés à deux grandes malles de voyage, comme il a comparé à un huilier colossal le groupe formé par la mairie Saint-Germain-l'Auxerrois et la tour qui l'unit à l'église. En regardant ces édifices à quelque distance, il est impossible de n'être pas frappé par la justesse de ce verdict du suffrage universel appliqué à l'art.

De tous les autres théâtres récemment construits, celui de l'Opéra, si je ne me trompe, est le seul auquel l'administration ait pris part, le seul aussi qui mérite de nous arrêter. Par une mesure excellente, à laquelle on ne perdrait rien de recourir plus souvent, le projet a été mis au concours, et, malgré l'insuffisance du délai, une avalanche de plans de bonne volonté a répondu à l'appel. M. Haussmann n'a qu'à frapper du pied la terre pour en faire jaillir des légions d'architectes. Parmi tant de vétérans chevronnés, c'est un jeune élève de l'école de Rome qui a remporté la palme. Nous ne pouvons juger encore directement son œuvre, qui commence à peine à sortir de terre, et à dessiner ses premières assises. à quelques pieds au-dessus du sol; mais, autant qu'il est permis de se prononcer d'après le plan en relief exposé à l'un des derniers Salons, il nous semble que les qualités et les défauts en sont à peu près les mêmes que ceux du nouveau Louvre, c'est-à-dire la richesse des détails poussée jusqu'à l'excès, et leur variété, jusqu'au décousu. Tout en louant la science et l'habileté incontestables dont l'architecte a fait preuve, et qui mettent son œuvre au-dessus de la plupart des autres monuments du Paris impérial, on y voudrait une plus grande sobriété d'ornementation, des lignes plus simples et plus suivies, une plus puissante unité. Le portique, trop étroit, semble ajouté après coup au corps de l'édifice, au lieu d'en être le point de départ, et il prend un caractère subalterne devant le développement des riches et élégants pavillons qui ornent les façades latérales. M. Ch. Garnier a cru devoir accuser extérieurement les trois grandes divisions du théâtre : l'emplacement des foyers, par un péristyle et une terrasse ; celui de la salle, par une coupole écrasée, qui la couvre sans la dominer; celui de la scène, par un immense fronton triangulaire qui forme le point culminant. Mais cette disposition offre quelque chose d'incohérent et de morcelé qui déroute le regard, et il y a surtout une bizarrerie assèz malheureuse dans ce fronton rejeté à l'arrière-plan et précédé d'une coupole, au-dessus de laquelle il plane, par une transformation imprévue de toutes les conditions habituelles de l'art. Ce serait ici le cas de rappeler à M. Garnier un proverbe populaire, qu'il connaît aussi bien que moi.

Les exigences du programme, la nécessité d'isoler les uns des autres les nombreux services de ce monument colossal, depuis les entrées du public et des abonnés jusqu'à celle de l'empereur; de relier au théâtre les magasins d'accessoires et toutes les ressources d'une administration monstre, l'ont conduit à ces placages plus ou moins dissimulés, qui rompent l'harmonie de l'œuvre, et ressemblent à des excroissances parasites et mesquines accrochées aux flancs de l'édifice. On pardonnera surtout beaucoup à l'architecte pour peu qu'on n'oublie pas la nature et la multitude des conditions qui lui étaient imposées, en dehors même des nécessités du programme, et les exigences contradictoires qu'il devait concilier dans son plan. Imposer à un théâtre outre ses magasins et ses ateliers, outre des remises couvertes pour les équipages et un grand corps de garde, lui imposer jusqu'à des écuries de trente chevaux pour l'attelage de Sa Majesté et pour son escorte, c'est vraiment pousser la centralisation trop loin, et vouloir absolument faire du nouvel Opéra un gigantesque pot-pourri architectural.

Est-il bien sûr aussi, malgré la garantie du concours, que l'œuvre primitive soit restée à l'abri de toute modification ultérieure, qu'elle ait pu se dérober entièrement à l'action de la fameuse filière? N'a-t-on imposé, je veux dire conseillé à l'artiste aucune de ces améliorations désastreuses qui, de progrès en progrès, finiraient par substituer le plan de la Bourse à celui du Parthénon? Si on me l'affirme, je tâcherai de le croire.

Le nouvel Opéra s'élève sur une place évidemment trop petite. L'administration a cette fois économisé le terrain, pour regagner une parcelle des trente millions, sans parler des suppléments, que lui coûtera ce palais de la musique et de la danse. Le Grand-Hôtel encombre de sa masse gigantesque les abords étriqués du théâtre. Pendant sa construction, le bruit courut, on s'en souvient, que l'édilité se repentait de l'avoir laissé bâtir, et qu'elle voulait l'abattre. Il n'y avait là rien que de très-vraisemblable et de très-conforme à la tradition. Un moment les maçons arrêtèrent leurs travaux, et le Grand-Hôtel, mélancolique comme une ruine dans ses murs inachevés, resta suspendu entre son berceau et sa tombe. Tout s'est borné à une modification du plan primitif de la Société, qui n'a fait, pour ainsi dire, que mettre plus en relief l'insuffisance de la place en y ajoutant une irrégularité choquante. Aujourd'hui qu'il est en pleine activité et en pleine splendeur, nous allons voir si l'administration se décidera à le racheter, en tout ou en partie, pour le démolir. Cela lui coûterait quelques millions de plus qu'alors[1] ; mais qu'est-ce que trois ou quatre pauvres millions pour elle, qui a déjà manié des milliards? Une goutte d'eau dans l'océan. En vérité ce ne serait pas payer la leçon trop cher, si elle devait lui profiter.

Mais cela ne suffit point. Même en agrandissant la place, l'Opéra resterait sans perspective, puisqu'on s'est avisé trop tard qu'il ne se trouve pas dans celle de la rue de la Paix. Pour lui en créer une et déblayer le point de vue, on n'a rien trouvé de mieux que de percer deux nouvelles voies qui vont déboucher en face de lui sur le boulevard, car c'est là évidemment le seul but, la seule explication possible de ces rues, auxquelles on a voulu, par pudeur, attribuer l'intention assez plaisante de mettre en rapport la Bourse et le Théâtre-Français avec l'Opéra. La Bourse!... certes, je n'ignore point les rap-

[1] Depuis que ceci est écrit, j'ai lu dans quelques journaux qu'en effet on venait de s'aboucher avec les propriétaires du Grand-Hôtel pour leur acheter le droit de démolir l'angle du bâtiment qui masque l'Opéra, et qu'on était arrêté par le prix effrayant qu'ils en demandent. Il est à croire que ce temps d'arrêt ne sera pas long.

ports naturels qui existent entre le 5 pour 100 et le foyer de la danse, mais la Bourse fonctionne de jour et l'Opéra de nuit. Le Théâtre-Français ! Je cherche en vain à qui pourra servir cette voie de communication entre les deux spectacles, puisque ceux qui iront à l'un n'iront pas en même temps à l'autre, — à moins que ce ne soit aux critiques pressés qui auront besoin d'assister à deux représentations le même soir. Tracer une rue tout exprès pour faciliter la tâche des critiques, cela est bien digne de la magnificence de M. Haussmann et me donne quelques remords de mon ingratitude.

Il est vrai que, pour achever l'œuvre, la rue Lafayette va mettre l'Opéra en rapport direct avec la Villette et son bassin ! A la bonne heure, au moins ! voilà une satisfaction donnée aux immortels principes de 89 !

Pour se rendre compte du prix que coûtera l'Opéra, il convient donc d'ajouter aux trente millions de sa construction, et aux quarante millions des expropriations ordonnées pour lui faire place ou pour les rues aboutissantes, un nombre au moins égal de millions pour le tracé des autres voies dont nous venons de parler. Il y a de grandes villes qui n'ont pas autant coûté. Mais il sera beau !

Rendons cet hommage à la commission municipale et à son actif président que leur zèle étend sa sollicitude à tous les besoins. Après les théâtres et les casernes, les églises ont trouvé leur tour. On nous en bâtit de toutes parts dans les genres les plus variés, depuis le gothique pur et le gothique fleuri jusqu'au style de la Renaissance et du dix-septième siècle, sans parler du style byzantino-moscovite de la chapelle grecque, dont la grande coupole fait rêver les bons bourgeois parisiens aux minarets de Stamboul. Par un étrange renversement de rôles, dont il ne faut pas lui envier le privilége, car ce dédommagement lui était bien dû, la banlieue a accaparé les plus belles, quoique les moins coûteuses de ces églises : c'est sans doute qu'on n'a pas jugé nécessaire de surveiller d'aussi près et d'*améliorer* avec autant d'ardeur les plans de ces architectes suburbains, qui ont pu échapper ainsi, jusqu'à un certain point, aux perfectionnements de la redoutable filière. Parmi les édifices religieux élevés à Paris depuis dix ans, nous n'en connaissons pas qui vaillent Saint-Jean-Baptiste, de Belleville, Saint-Bernard, de la Chapelle, et Notre-Dame, de Clignancourt.

Malgré la date récente de son achèvement, Sainte-Clotilde, commencée en 1847, échappe au cadre de ce livre. Elle reste jusqu'à présent l'expérience la moins malheureuse inspirée par l'imitation de cette grande architecture gothique, qu'il est si difficile de faire revivre, parce qu'elle est un art tout d'inspiration, de hardiesse et d'élan, qui ne s'est jamais formulé en règles fixes comme l'architecture grecque. Rue Saint-Lazare, dans l'axe de la Chaussée-d'Antin, M. Ballu construit, selon le style de la Renaissance, l'église de la Trinité, qui, avec son grand porche surmonté d'une belle rosace, son clocher de soixante-cinq mètres de haut, son mur-pignon, couronné d'une balustrade découpée à jour et de deux tourelles, avec le square et la fontaine dont elle sera précédée, produira du boulevard l'effet d'un joli fond de décor pour fermer la perspective de la rue. L'église Saint-François-Xavier est trop peu avancée encore pour qu'il soit possible d'en rien dire. Dans le faubourg Poissonnière, l'église Saint-Eugène, improvisée en vingt mois, — avant le nouveau Louvre, cela pouvait passer encore pour une improvisation, — montre un échantillon du style gothique (il faut le croire du moins, sans pouvoir le spécifier davantage) réduit à sa plus simple expression, et marié à l'art industriel du dix-neuvième siècle. On sait que, par motif d'économie, — un motif qui échappe forcément aux discussions de la critique, car, selon le proverbe, nécessité n'a point de loi, — l'architecte de Saint-Eugène a inauguré l'emploi du fer et de la fonte substitués à la pierre dans l'ornementation de cet édifice.

Sans avoir cette excuse à invoquer, M. Baltard reprend aujourd'hui la même idée, pour l'appliquer sur une plus vaste échelle et dans des conditions incomparablement plus difficiles et plus grandioses, en son église de Saint-Augustin, dont le gros œuvre se dessine au point de bifurcation du boulevard Malesherbes. M. Baltard a été conduit à cette expérience délicate et dangereuse par son succès dans la construction des halles centrales. Mais d'une halle à une église, il y a toute la distance qui sépare la science et l'industrie de l'art. Je crains que M. Baltard n'ait sacrifié l'art à la science, et l'architecte à l'ingénieur. Il s'est laissé entraîner par l'attrait d'un problème à résoudre, d'une ressource nouvelle à créer ; il a vu surtout dans son église une occasion favorable d'appliquer en grand ses calculs sur la statique et ses études sur la combinaison des forces et des résistances, plus encore que de créer un monument qui satisfît à toutes les lois de la beauté artistique : c'est en quoi je dis que l'ingénieur a dominé l'architecte. L'emploi du fer et de la fonte a pour premier résultat de donner à un édifice le vulgaire cachet d'un bâtiment commercial. Qu'on le réserve pour les gares, les marchés, les bazars, rien de mieux : on en peut même tirer là des effets heureux ; mais, à moins d'une nécessité impérieuse comme celle qui existait pour la construction de Saint-Eugène, je voudrais qu'on l'exclût soigneusement de toute œuvre artistique et monumentale, spécialement des églises. Dans un édifice gothique surtout, la fonte, ce laid et utile produit de l'industrie moderne, de toutes les matières celle qui semble répugner le plus à se laisser façonner par la main de l'art, choque comme un contre-sens et un anachronisme. Tout au plus pourrait-elle faire bonne figure, à côté des becs de gaz, dans un temple protestant.

D'ailleurs, pour rester économique, ce qui est sa seule justification possible, l'emploi du fer et de la fonte impose à l'architecte une sèche et lourde monotonie d'ornementation. Les meneaux des fenêtres et des rosaces, les arcs et les colonnes, les nervures et les arêtes de la voûte, toutes ces parties dont chaque détail était si délicatement varié par le ciseau de l'ouvrier, coulées dans le même moule, vont reproduire partout une disposition uniforme. Là est la grande difficulté, à laquelle on n'échapperait qu'en multipliant et en diversifiant les moules, c'est-à-dire en reportant sur ce point les dépenses supprimées sur la matière première. Quand l'église Saint-Augustin sera terminée, nous jugerons de quelle manière s'y sera pris M. Baltard pour tourner cet obstacle, et nous proclamons d'avance que nul n'est plus capable que lui d'en venir à bout.

Ce que nous pouvons à peu près juger jusqu'à présent, c'est la conception et la physionomie extérieure du monument. Il est d'un style difficile à définir, essentiellement moderne, et qu'on ne peut rattacher complétement à aucune époque antérieure, — ni à la Renaissance, dont il n'a pas la légèreté, la richesse et la grâce; ni, malgré son dôme, au dix-septième siècle, dont il n'a pas l'imposante et harmonieuse majesté. En somme, c'est quelque chose de neuf, qui témoigne d'une louable indépendance et qui vise avant tout à l'originalité. L'ensemble n'est pas dépourvu de physionomie. En sa qualité d'architecte en chef de la ville de Paris, il est à croire que M. Baltard n'a pas eu à discuter avec l'esthétique de MM. les chefs de bureaux, et, en dehors de son contrôle personnel, n'a été soumis qu'à celui de M. le Préfet, qu'il est difficile d'esquiver. Il a fait preuve dans sa construction d'une habileté et d'une hardiesse réelles; il lui en a fallu beaucoup, rien que pour vaincre les difficultés de l'emplacement ingrat, en forme de triangle irrégulier, qu'on lui a assigné. Il ne manque à l'église Saint-Augustin que le caractère d'une église : au premier abord, à cette architecture solide et mathématique, on dirait d'une forteresse ou d'une prison. Si M. Baltard était homme à s'occuper des détails, je lui conseillerais d'en alléger la masse sévère par quelques sacrifices aux grâces, qu'on ne hante point assez dans les traités de statique et de géométrie.

Toutes les fois que nos yeux sont affligés par

un de ces édifices déplorables dont l'art préfectoral continue à nous menacer, une pensée et un souvenir se représentent obstinément à notre esprit. Il y a deux ans, à l'inauguration du boulevard du Prince-Eugène, on avait disposé sur la place du Trône une décoration, composée d'un portique circulaire, d'une fontaine et d'un arc de triomphe, mais figurée provisoirement en charpente et en toile, afin de permettre les modifications nécessaires, conformément à l'effet produit. Or, cet effet fut tel, qu'après plusieurs essais de transformation on n'a rien trouvé de mieux que de supprimer le tout. Combien de mécomptes et de bévues épargnés à l'administration, si l'on avait eu la prudence d'appliquer le même procédé à la plupart des édifices nouveaux, avant leur achèvement définitif! Supposez que la mairie et la tour Saint-Germain-l'Auxerrois eussent d'abord été figurées en carton, je suis sûr que M. Hittorf et M. Ballu se fussent des premiers attelés à la corde des démolisseurs. Et quel soulagement pour nous, pour M. Davioud lui-même, si l'on avait pu, le lendemain de son inauguration, rouler la fontaine Saint-Michel comme une toile peinte! Quand on songe que, grâce à cette précaution élémentaire, il n'est peut-être pas un monument du nouveau Paris qui ne nous eût été épargné, on éprouve un sentiment de regret dont la vue même de Napoléon Ier en costume d'apothéose sur la cime de la colonne Vendôme ne peut suffisamment tempérer l'amertume.

Je doute qu'il y ait un seul des méfaits artistiques de l'administration actuelle contre lequel l'opinion publique se soit soulevée avec une plus énergique unanimité que cette fantaisie pseudo-classique, fruit d'une imagination égarée par le souvenir des Césars, et dont la solennité confine au burlesque. Au temps du premier empire, lorsque la littérature et l'art, sous la direction de l'abbé Delille et de David, professaient qu'il n'est point de salut en dehors de la mythologie, on pouvait comprendre encore ce caprice impérial; et la statue de bronze, revêtue de la toge romaine, à la veille des désastres de 1812 et de 1814, aurait pu répondre comme ce César mourant à ceux qui l'interrogeaient : *Sentio me fieri Deum*. Mais aujourd'hui, après la révolution qui a balayé tous ces oripeaux de la vieille friperie classique, sous un gouvernement qui se fait gloire d'être issu du suffrage universel et de révérer dans le chef de sa dynastie la plus haute expression des idées nouvelles et du droit populaire, c'est un énorme contre-sens historique et artistique d'avoir, au haut d'une colonne fondue avec le bronze des canons autrichiens, et déroulant en spirales, de la base au sommet, un immense fouillis d'épaulettes, de colbacks, d'uniformes modernes, substitué à la figure légendaire de Napoléon en redingote grise et en petit chapeau, telle qu'elle est restée dans le souvenir et le culte de la foule, je ne sais quelle banale effigie de parade et de convention, qui ne répond à aucun sentiment et n'en éveille aucun. Il y a là une puérilité emphatique et déclamatoire qui fait sourire. Était-ce bien la peine de tant nous moquer des Anglais et de leur statue de Wellington en *costume* d'Achille au sortir du bain?

Que nous parle-t-on de la colonne Trajane, et qu'a-t-elle à faire ici? La colonne Trajane s'élevait à Rome : il était tout simple que les artistes romains habillassent leurs empereurs en empereurs romains, et ils n'auraient pas songé à les déguiser en Pharaons, sous prétexte d'apothéose. Nous autres, nous sommes en France, à Paris, en l'an de grâce 1865, et cette statue théâtrale, dressée en place publique, à quarante mètres au-dessus de la sentinelle qui fait sa faction le fusil au bras, en face de l'État-Major devant lequel on peut voir rangés en ligne les tambours de la garde nationale, à dix pas du boulevard, des omnibus de la Bastille et du Grand-Hôtel, peut passer pour une mascarade à peu près aussi ridicule que l'Alcide, en perruque à triple marteau, de la Porte-Saint-Martin. Le contre-sens ressort encore plus vivement lorsqu'on rapproche ce sacrifice aux vieilles conventions *académiques* de l'arrêté par lequel M. le ministre de la maison de l'empereur, quelques semaines plus tard, dépossédait l'Académie de la direction de l'École des Beaux-Arts, lui reprochant d'endormir les élèves dans une routine déguisée sous le nom de tradition, et de ne pas suffisamment comprendre les nécessités de l'idéal moderne.

Voilà donc ce qu'on nous a donné en fait de monuments nouveaux ! Si du moins on respectait les anciens, puisqu'on éprouve une telle impuissance à les remplacer ! Quelques-uns sans doute, nous avons grand plaisir à le reconnaître, ont été restaurés avec soin, avec amour, par exemple la Sainte-Chapelle, dont les travaux étaient commencés dès les dernières années du règne de Louis-Philippe; Notre-Dame, où je ne regrette que les précieux souvenirs historiques des vieilles corporations qui avaient enrichi les chapelles de leurs *mais* et de leurs *ex-voto*; la tour Saint-Jacques, qu'on a isolée, en l'enchâssant, comme un joyau, dans un maigre écrin de verdure. Bien qu'elle ait pratiqué ces dégagements avec la furie d'exécution qu'elle apporte en tous ses actes, et qu'il ait fallu les payer chèrement par de véritables hécatombes de maisons, je sais gré à l'administration du zèle qu'elle a mis à déblayer les principaux édifices des pâtés de bâtiments où ils étaient enfouis.

Mais voici le revers de la médaille. Ce beau zèle, excellent en principe, ne sait point s'arrêter à temps dans ses applications. Comme il ne sent jamais le frein, il court à toute bride, emporté par l'ivresse d'un pouvoir absolu. En comptant bien, on ne trouverait guère plus d'une douzaine de monuments de la vieille ville qui soient restés debout, et encore non-seulement grattés, badigeonnés et recrépis, mais raccommodés et complétés à la dernière mode. Hormis les trois ou quatre que j'ai cités, devant lesquels,

> À cet air vénérable, à cet auguste aspect,
> Les meurtriers surpris sont saisis de respect.

ceux qu'on n'a pas détruits, on les a mutilés, et ceux qu'on n'a pas mutilés, on les a *restaurés* à la façon des tableaux du Louvre, c'est-à-dire en y remplaçant les teintes noires par de belles teintes blanches, et ces couleurs sombres qui attristaient l'âme par de jolies petites couleurs gaies qui réjouissent l'œil. Qui nous expliquera par suite de quel mystérieux enchaînement d'idées on a pu voir en même temps nos *édiles* faire pomper sur les monuments neufs une composition noirâtre destinée à les vieillir, et faire gratter les vieux monuments pour les rajeunir? Les trois quarts des plus vénérables édifices qui ont survécu à la destruction de l'ancien Paris sont employés à des usages divers, dont la nomenclature serait instructive. On sait que l'église Saint-Barthélemy, avant sa démolition, était devenue un bal d'étudiants, comme la tour Saint-Jacques une manufacture de plomb de chasse. On a installé le théâtre du Panthéon dans l'église Saint-Benoît (aujourd'hui démolie), un marché dans les Carmes de la place Maubert, des métiers à vapeur dans l'église romane de l'abbaye Saint-Martin. Des marchands de vin, des chambres garnies, des magasins, des fabriques, des maisons de bains, ont élu leur gîte dans la chapelle des Mathurins (dont les restes viennent de disparaître), dans le splendide hôtel de la Valette, dans l'hôtel de la Bazinière, dans les églises Saint-Sauveur et Saint-Jacques de l'Hôpital.

Mais ces profanations ne sont pas toutes, à beaucoup près, du fait de l'administration présente, et les précédentes en peuvent réclamer largement leur part. En outre, quelques-unes sont le résultat naturel et fatal de la marche du temps, des révolutions, de l'extinction des familles, du déplacement et du morcellement des fortunes. Autant vaut, d'ailleurs, un marchand de vins dans l'hôtel de la Valette qu'une caserne de gardes municipaux dans l'hôtel du maréchal d'Ancre, ou un mont-de-piété dans le couvent des Blancs-Manteaux. Ce qui est propre et particulier à la municipalité actuelle, c'est moins de gâter les vieux monuments ou de les profaner, que de les détruire. On ne se doute pas assez de tout ce que la rage de la ligne droite, la frénésie de l'alignement, ont ébréché ou renversé à Paris, en dix années, non-seulement de maisons historiques, mais d'édifices curieux ou ravissants, tombés en poussière sous la pioche et jetés en morceaux dans le tombereau des Limousins. Les Parisiens ne connaissent pas leur ville; et des centaines de monuments, qui échappaient à l'attention de la foule par leur petitesse ou se dérobaient sous d'affreux pâtés de maisons en plâtre, mais qui faisaient les délices de l'archéologue, ont pu disparaître sans qu'ils s'en doutassent.

Le seul tracé du boulevard de Sébastopol et de ses annexes, sur la rive gauche, a culbuté par douzaines les cloîtres, les chapelles, les colléges de la vieille Université. La rue des Écoles a fait une effroyable percée à travers tous ces antiques et vénérables asiles de l'étude qui peuplaient la montagne Sainte-Geneviève, ce lieu de pèlerinage où l'Europe entière venait chercher la science. La place de Grève, bien qu'elle ait gardé son Hôtel de ville, a perdu toute sa physionomie, et il ne lui reste, pour ainsi dire, plus rien des innombrables souvenirs historiques évoqués par son nom. Et voici qu'on parle de la prolongation du boulevard Saint-Germain, qui passera sur le ventre à l'École de médecine, pour traverser d'un bout à l'autre le noble faubourg, ce quartier paisible où les rues sont larges, le commerce et le mouvement presque nuls, rempli d'hôtels qui restent déserts tout l'été, sorte de Thébaïde de Paris qui n'a certes nul besoin qu'on y ouvre de nouveaux débouchés à la circulation, et où cette prolongation semblerait n'avoir d'autre but que de taquiner les *vieux partis*, en fauchant par centaines leurs grands jardins pour les recouvrir de moellons, et leurs grandes demeures pour les convertir en boutiques. Pourquoi le faubourg Saint-Germain serait-il plus heureux que le faubourg Saint-Honoré? C'étaient, à peu près, les deux seuls points de Paris où il y eût encore de vastes hôtels qui se développassent en largeur, au lieu de se développer en hauteur, des cours qui ne ressemblassent point à des puits artésiens, et des jardins ailleurs que sur le rebord des fenêtres. Cette anomalie ne pouvait durer. On ne veut permettre à aucun coin de la ville de garder sa physionomie propre, de se dérober à l'envahissement du commerce et à l'égalité du niveau commun.

Ces trouées des nouvelles rues vont tout droit devant elles, avec l'intelligence et la souplesse d'un boulet de canon. Gare devant! la maison de Nicolas Flamel et l'abbaye de Cluny, le collége de Bayeux et dix autres, la chapelle des Mathurins, la tour et l'enclos de Saint-Jean de Latran ne les feraient pas dévier d'un millimètre. En 1806, des faiseurs d'alignements, gens fort logiques, n'avaient-ils pas formé le projet de prolonger la rue des Prouvaires à travers l'église Saint-Eustache? En ce temps arriéré, le triomphe de la ligne droite était encore indécis : aujourd'hui, on n'eût point hésité, quitte à recoudre après coup une abside postiche à l'église, comme on a fait pour Saint-Leu. Le plus précieux bijou architectural du treizième siècle et une borne-fontaine sont absolument égaux devant la ligne droite : la ligne droite est un principe, et les monuments ne sont que des monuments. Périsse l'art plutôt qu'un principe ! Peut-être est-ce acheter un peu cher l'honneur d'avoir une ville toute neuve, tracée au tire-ligne, au compas et au fil à plomb, et offrant dans ses voies principales, au lieu de ces rangées de vastes et antiques hôtels, une double haie de marchands de vin, de restaurants et de cafés.

Que serait-ce donc si, à côté des hôtels et des monuments de tout genre, nous voulions énumérer toutes les rues illustres ou fameuses, — ces rues qui écrivaient l'histoire entière de Paris dans leurs noms pittoresques, — disparues, englobées, rasées de fond en comble par ces insolents boulevards dont la splendeur triomphante est faite de ruines ? Et comme si ce n'était pas encore assez, écoutez les faiseurs de projets, les *mouches du coche* de l'attelage municipal : ils vous démontreront dans leurs journaux qu'il importe, en attendant que le résidu de la vieille cité disparaisse jusqu'à la lie, de les débaptiser, pour enlever à Paris ce dernier fumet gothique et rance qui choque leur odorat. Les uns proposent de ne donner aux rues que des noms de grands hommes ou de victoires; d'autres, plus ingénieux encore, d'affubler chaque quartier du nom d'une province, et dans ce quartier chaque voie du nom d'une ville, d'un fleuve, d'une montagne, de manière à métamorphoser le plan de Paris en une carte de France[1].

[1] Ce projet n'est pas nouveau. Je ne remonterai pas jusqu'à Henri IV, et l'idée qu'il avait conçue de faire converger vers la place de l'Europe des rues portant les noms des provinces : dans ces limites, rien n'était plus légitime. En son ouvrage intitulé : *Paris à la fin du dix-huitième siècle* (in-8°, p. 83), Pujoulx expose tout au long un plan qui lui est propre, et qui consiste, en considérant Paris comme le centre d'un vaste État, à présenter dans les dénominations de toutes ses rues, impasses, places et quartiers, un résumé de la carte géographique. Sous la Révolution, le 14 brumaire an II, le citoyen Chamouleau, au nom de la section des Arcis, avait fait sur le même sujet une proposition beaucoup plus originale à la Convention. Voici comme elle était formulée : « Les communes de la France seront divisées en arrondissements particuliers, dont chaque place publique sera le centre; toute place publique portera le nom d'une *vertu principale*. Les rues affectées à l'arrondissement de cette place seront désignées par les noms des *vertus* qui auront un rapport direct avec cette vertu principale. Lorsqu'il n'y aura pas assez de vertus, on se servira de ceux de quelques grands hommes; mais on les rangera dans l'arrondissement de leur vertu principale. — A Paris, par exemple, le Palais National s'appellera *Temple ou Centre du républicanisme;* l'Hôtel-Dieu, *Temple de l'humanité républicaine;* la Halle, *Place de la frugalité répu-*

En compensation de tant de ruines, on nous a bâti ce que nous avons vu : du moyen âge, style Tressan ou reine Hortense ; du gothique débarrassé de l'ogive, qui a vieilli ; du grec et du romain mêlés de chinois ; de la Renaissance bâtardée de décadence ; des imitations de Vitruve, des copies de Vignole, des réminiscences de Saint-Pierre, des calques du Parthénon ; partout des pastiches, et, brochant sur le tout, ce style préfectoral dont nous avons parlé.

Mais il faut chercher ailleurs la véritable architecture du nouveau Paris. Les monuments où s'affirment et se démontrent le génie particulier de l'administration comme celui de l'époque pré-

---

blicaine. Les rues adjacentes, pour la première, seront les rues de la Générosité, de la Sensibilité, etc., et pour la seconde, de la Tempérance, de la Sobriété, etc. Il s'ensuivra que le peuple aura à chaque instant le mot d'une vertu dans la bouche, et bientôt la morale dans le cœur. » Pourquoi cet admirable projet n'a-t-il pas eu de suites ? Mais on pourrait le reprendre aujourd'hui : ce serait une belle occasion de mettre les vertus du dix-neuvième siècle en lumière, à moins toutefois qu'on ne craigne, selon le cas prévu par le sagace citoyen Chamouleau, qu'il n'y en ait pas assez.

sente, ce ne sont pas ceux qui affichent la prétention d'arriver jusqu'à l'art et de relever de lui seul, ce sont ceux qui offrent avant tout le caractère d'utilité, le cachet industriel et commercial, ou, d'autre part, qui sont inspirés par les besoins du luxe et du confortable, par les exigences croissantes du plaisir.

Dans la première catégorie, les gares, les ponts, les puits artésiens, les casernes, tout ce qui est œuvre d'ingénieur plutôt que d'architecte, voilà les vrais édifices, avant le Louvre et la fontaine Saint-Michel. J'ai nommé les casernes; on nous en a bâti sur tous les points : la caserne de gendarmerie, dans le voisinage du nouveau Tribunal de commerce; les trois immenses casernes d'infanterie, derrière l'Hôtel de ville et dans la Cité; la caserne typique du Prince-Eugène, celle de la Pépinière, celle du nouveau Louvre, celle que l'on construit pour l'état-major de la garde de Paris, près de la préfecture de police, cinq ou six postes-casernes, sans compter ce que j'oublie. On en bâtit encore.

Les Parisiens peuvent dormir tranquilles : ils sont protégés.

Quant aux ponts, il n'en est presque pas un qui n'ait été reconstruit, sans qu'on puisse toujours comprendre au juste pourquoi, sinon par suite de cette fièvre de démolition, de réparation et de reconstruction qui pousse l'édilité actuelle à ne pas laisser un coin de Paris, pas une rue, pas un édifice, sans y apposer sa griffe et y marquer sa trace, et pour le plaisir d'incruster sur une plaque de marbre cette inscription qui nous apprend, de cent pas en cent pas, afin que la postérité n'en ignore, que tel monument, commencé par Louis XIV, a été terminé ou rebâti sous le règne de Napoléon III. De plus, on nous a donné deux ponts entièrement neufs, baptisés par nos récentes victoires : à coup sûr, ce sont de beaux ponts, solidement campés sur leurs arches hardies, comme il sied à des ponts qui ont coûté à eux seuls autant que trois ou quatre églises réunies ; mais l'un d'eux, celui qui porte le nom de Solférino, soulève une réflexion qui n'est pas sans intérêt. Lorsqu'il était si facile, en le reculant d'une vingtaine de pas, de le placer dans l'axe de la rue Bellechasse, on se demande par quelle arrière-pensée inquiétante il s'étend en face du palais de la Légion-d'honneur, et si M. Haussmann, dans un esprit de prévoyante sollicitude, n'aurait point voulu se ménager ainsi un argument irrésistible pour raser quelque jour le palais [1].

[1] Un bruit court, — et l'expérience nous a appris que, sur le chapitre des travaux de Paris, il faut tenir grand compte des bruits qui courent, — un bruit court qu'on nous prépare un nouveau pont entre celui des Arts et celui des Saints-Pères, pour correspondre à un guichet du Louvre qui n'est pas encore ouvert, et à une rue qu'on se propose de percer. Seulement, quand il aura été bâti, les deux autres seront devenus inutiles, et on trouvera encore vingt excellentes raisons pour les démolir. — M. Haussmann n'est pas heureux avec les ponts, comme l'a fait observer M. F. de Lasteyrie. Après avoir exécuté séparément les deux tronçons du boulevard de Sébastopol sur la rive droite et sur la rive gauche, il s'est aperçu non-seulement qu'ils n'étaient pas dans le même axe, mais encore qu'ils n'étaient ni l'un ni l'autre dans l'axe des deux ponts destinés à les mettre en communication. Il a fallu les abattre tous deux pour les reconstruire à côté : c'était l'affaire de quelques millions seulement, ce qui ne vaut pas la peine d'en parler. Mais, après cette opération, il s'est trouvé que le nouveau pont au Change n'était guère mieux que l'autre en ligne droite avec le boulevard. Voilà qui s'appelle jouer de malheur. Reste la ressource de le démolir une seconde fois.

Les deux chefs-d'œuvre de cette architecture utilitaire, qui appartient à l'art moins qu'à la science, c'est le grand égout collecteur et les Halles centrales. Le grand égout est une merveille souterraine, une création prodigieuse, que nous nous contenterons toutefois de signaler de loin à l'admiration. A la rigueur, on peut approcher les Halles de plus près, et même y entrer un moment. Pour nous, cette vaste construction, d'une hardiesse légère et d'une solide élégance, où l'air et la lumière pénètrent avec tant d'abondance, où tout a été si habilement calculé pour la commodité des aménagements et les besoins de la circulation, qui offre enfin un certain aspect monumental, tout en gardant la physionomie d'abri temporaire, et, pour ainsi dire, de tente gigantesque en fer et en brique, comme il convient à un marché couvert, est le vrai Louvre du Paris actuel, ce Gargantua insatiable qui absorbe chaque jour la nourriture de trois ou quatre provinces, et qui fait craquer successivement toutes les ceintures où l'on essaye de le contenir. Les Halles, de l'aveu universel, constituent l'édifice le plus irréprochable élevé dans ces douze dernières années. Quoi qu'en veuille faire croire la critique officielle, nous sommes à une époque de prose, et il y a là une de ces harmonies logiques qui satisfont l'esprit par l'évidence de leur signification.

Voici qui n'est ni moins logique, ni moins significatif. L'architecture, devenue stérile dans l'art, se retrouve quand il ne s'agit plus que du luxe et du confortable. Après les Halles, les monuments par excellence palais de Paris nouveau, ce sont le Grand-Hôtel et l'Hôtel du Louvre, ces deux caravansérails babyloniens de la civilisation la plus raffinée, ces deux cités modèles qui peuvent loger sous le même toit la population d'un chef-lieu d'arrondissement, en concentrant dans une centralisation puissante toutes les ressources de la vie matérielle et toutes les commodités de la vie élégante. Ce sont encore ces grands cafés, ces jardins féeriques, tous ces établissements frivoles et charmants, demeures royales élevées au plaisir devenu roi, et où les conceptions ambitieuses de l'architecture dÉ'tat sont vaincues par la souple adresse et les rouerics habiles de l'art qui se fait le courtisan de la foule.

Je conseille à mes lecteurs de s'en convaincre en allant visiter le café Parisien, derrière le Château-d'Eau, le Grand-Café, au rez-de-chaussée du Jockey-Club, et l'Eldorado. Le premier, avec ses vastes proportions, ses statues, ses cariatides, ses parois de marbre, ses glaces innombrables, où ruisselle le reflet de ses milliers de lumières, sa belle fontaine aux eaux toujours jaillissantes sur son rocher de bronze, et le carillon joyeux qui émiette les heures à ses insouciants habitués ; — le second, décoré par l'élite de la jeune peinture et les plus brillants élèves de l'école de Rome, avec ses trois plafonds, où M. Gustave Boulanger a représenté les Provinces aux grands crus défilant processionnellement entre deux haies prosternées de fidèles ; M. Émile Lévy, la Nouvelle sainte-alliance des peuples fraternellement unis dans le culte sacré de la jouissance, et s'avançant en pèlerinage vers la Jérusalem de la civilisation moderne pour y admirer les merveilles de l'Opéra, de la Bourse et des estaminets; M. Delaunay, un élève de Flandrin, les allégories de l'Industrie, du Commerce, de l'Agriculture, de la Science, voire de la Poésie, qu'on ne s'attendait guère à trouver en pareil lieu; — enfin le troisième, avec sa façade agrémentée de sculptures, son comptoir splendide, surmonté d'un cadre en boiserie délicatement ouvragé, sa rotonde à deux étages, entrecoupée de seize arcades qui reposent sur de hautes et sveltes colonnes, sa galerie bordée de figures colossales aux attributs pittoresques, sa coupole au riche cadran, où les heures sont marquées par une ronde de douze nymphes, son balcon à jour ornementé de masques et de médaillons, son foyer, que décorent deux fontaines, un plafond peint et douze statues de Debay, enfin les moulures et dorures qui déroulent de la base au sommet leurs étincelantes arabesques ce sont là, sans contredit, des monuments qu'on ne peut oublier parmi les magnificences du nouveau Paris.

Je n'ai pas à discuter ici l'illusion de quelques bonnes âmes, faciles à l'optimisme, qui, partant de ce principe que l'art et le beau élèvent l'esprit, et qu'il finit toujours par s'établir une certaine harmonie entre la physionomie d'un lieu et ses habitants, ont rêvé à ce propos je ne sais quelle influence moralisatrice dont on n'a pas encore aperçu les fruits. Mais j'avais le droit de constater le fait comme un symbole et un *signe du temps*.

Ce contraste entre l'impuissance de l'architecture visant au grand style, et son habileté féconde en ressources quand il ne s'agit que de confort et de luxe; entre l'art de l'architecte qui descend la pente rapide de la décadence, et celui du tapissier-décorateur, dont le progrès s'accroît chaque jour, est tellement vrai, tellement saisissant, que souvent il se marque dans un même édifice et s'y révèle côte à côte sous ses deux aspects. Nous en pourrions trouver une preuve au nouveau Louvre. Sans remonter jusque-là, qu'il nous suffise de renvoyer aux théâtres de la place du Châtelet, et d'indiquer simplement au lecteur la différence frappante qui existe entre l'architecture extérieure de ces édifices et leur architecture intérieure, entre la décadence du goût, si visible d'un côté, et les progrès d'élégance, de luxe et de commodité, si incontestables de l'autre.

IX

CONCLUSION.

Résumons-nous et concluons. Que résulte-t-il de cette étude sommaire? Qu'est-ce que Paris a gagné aux vastes travaux qui l'ont transformé de fond en comble, et qu'y a-t-il perdu?

Ce qu'il y a gagné, on le voit assez du premier coup d'œil, et il serait puéril de le dissimuler. Il y a gagné un certain aspect grandiose et monumental, résultant exclusivement de cette vue d'ensemble, de ce décorum, de cette uniformité, qui, suivant plusieurs, doivent constituer le caractère essentiel d'une grande capitale. Il y a gagné de l'air, de la lumière et de l'espace. On a déblayé les quartiers insalubres, dégagé les monuments, tracé d'un bout à l'autre de la ville un savant réseau stratégique. Voilà tout, à peu près, et ce n'est point à moi qu'il faut s'en prendre si ce premier compte n'a pas été plus long à régler.

Quel dommage qu'on ait compromis et perdu ce beau résultat en ne sachant pas s'arrêter à temps, et que, d'une transformation utile, légitime et qui pouvait être si féconde, on se soit obstiné à faire, en la poussant à un intolérable excès, une révolution étayée sur un monceau de ruines, et sur des fondations pires que les ruines elles-mêmes! Ce n'est pas le principe que nous blâmons, c'est l'effrayant abus auquel il a servi de prétexte. On avait commencé par 89 : on finit par 93. Le terrorisme de l'équerre et du compas plane sur nos têtes, et voici douze ans que le comité de l'expropriation sans appel siége à l'Hôtel de Ville. M. Haussmann pouvait être le second fondateur de la vieille cité historique ; ce rôle n'a pas suffi à son ambition et il a préféré en être le destructeur. Il a voulu devenir le *Fléau* de l'édilité et l'Attila de la ligne droite.

Ce que Paris y a perdu, le bilan n'en sera pas si court à dresser. Il y a perdu le pittoresque, la variété, l'imprévu, ce charme de la découverte qui faisait d'une promenade dans l'ancien Paris un voyage d'exploration à travers des mondes toujours nouveaux et toujours inconnus, cette physionomie multiple et vivante qui marquait d'un trait spécial chaque grand quartier de la ville comme chaque partie du visage humain. Du faubourg Saint-Germain au faubourg Saint-Honoré, du pays latin aux environs du Palais-Royal, du faubourg Saint-Denis à la Chaussée-d'Antin, du boulevard des Italiens au boulevard du Temple, il semblait que l'on passât d'un continent dans un autre. Tout cela formait dans la capitale comme autant de petites villes distinctes, — ville de l'étude, ville du commerce, ville du luxe, ville de la retraite, ville du mouvement et du plaisir populaires, — et pourtant rattachées les unes aux autres par une foule de nuances et de transitions. Voilà ce qu'on est en train d'effacer sous la monotone égalité d'une magnificence banale, en imposant la même livrée à tous les anciens quartiers, en perçant partout la même rue géométrique et rectiligne, qui prolonge dans une perspective d'une lieue ses rangées de maisons, toujours les mêmes.

Paris sera bientôt un grand phalanstère dont toutes les aspérités, tous les angles, tous les reliefs auront disparu, égalisés et aplatis sous le même niveau. En place de toutes ces villes d'une physionomie si multiple et si accentuée, il n'y aura plus qu'une ville neuve et blanche, qui fait litière des souvenirs historiques les plus curieux ou les plus sacrés; une ville de boutiques et de cafés, qui vous poursuit de l'éternelle obsession de son étalage tapageur et de sa fausse richesse; une ville d'apparat, destinée à devenir la grande auberge des nations, le caravansérail des Anglais en voyage, et qui ressemble au baudrier de Porthos, d'or brodé par devant, de vil buffle par derrière.

Les travaux récents ont, d'ailleurs, l'inconvénient inévitable de ces vastes entreprises, qui sont le résultat d'un système préconçu plutôt que d'une étude attentive des besoins qu'elles prétendent satisfaire. Appliqués pour ainsi dire *à priori*, tout d'un bloc et avec une rigidité mathématique, aux diverses parties de Paris indistinctement, au lieu de rester soumis aux circonstances, de s'adapter aux nécessités et de sortir progressivement du cours naturel des choses, ils offrent, dans leurs transformations les plus radicales, ce caractère factice et superficiel auquel il est impossible de se méprendre. Ils se superposent aux anciens quartiers sans se fondre avec eux, sans se les assimiler, sans répondre à leurs besoins, et en transportant toutes les apparences, toutes les tyrannies du luxe, dans les centres populaires et industrieux qui ne peuvent qu'en souffrir. Ils chassent l'ouvrier, le petit commerçant et le mince bourgeois des lieux où il vivait en paix depuis des siècles ; ils accolent les palais somptueux des boulevards aux humbles maisons des ruelles excentriques; ils brouillent tous les quartiers dans leur uniformité contre nature, aussi opposée à la variété des aspects qu'à la diversité des besoins d'une grande ville; ils jettent le faubourg Saint-Antoine dans le même moule que le faubourg Saint-Germain, promènent leur niveau sur le pays latin et les alentours de la Bourse pour les égaliser, transplantent le boulevard des Italiens en pleine montagne Sainte-Geneviève, avec autant d'utilité et de fruit qu'une fleur de bal dans une forêt, et créent des rues de Rivoli dans la Cité qui n'en a que faire, en attendant que ce berceau de la capitale, démoli tout entier, ne renferme plus qu'une caserne, une église, un hôpital et un palais.

Cette transformation de Paris, dont Paris se fût si bien passé, et pour laquelle on réclame non-seulement notre docilité, mais notre enthousiasme, l'administration nous la fait payer plus cher qu'elle ne vaut. De plus, elle nous a repris en détail tout ce qu'elle nous accordait en gros, et aussitôt qu'on était tenté de reconnaître son bienfait, elle se contredisait en le détruisant. Le développement des rues s'est fait aux dépens de celui des maisons et des appartements ; les nouveaux boulevards ont introduit l'air et la lumière dans les quartiers insalubres, mais en supprimant presque partout sur leur passage les cours et les jardins, mis d'ailleurs à l'index par la cherté croissante des terrains; en exposant les riverains aux miasmes de la boue du macadam, qu'ils n'évitent qu'au prix d'une poussière non moins désastreuse. Enfin, tout en s'appliquant à donner aux rues un caractère grandiose et monumental, l'administration a marqué ses édifices de ce cachet particulier de mauvais goût et de pompeuse mesquinerie que nous avons constaté.

Peut-être quelque lecteur est-il tenté de me trouver bien sévère. Le sens de l'art et du beau se perd tellement dans les civilisations trop avancées qu'il se trouvera d'honnêtes gens, désintéressés dans la question, je n'en doute pas, pour accuser d'un parti pris de paradoxe ou de dénigrement ce qui n'est que l'expression bien incomplète, et forcément modérée, d'un jugement impartial. Cependant, en ce qui regarde les monuments du Paris actuel, je ne craindrais pas d'en appeler au sentiment public, et, j'ajoute tout bas, à celui même des architectes qui sont personnellement en cause, pourvu qu'il pût se produire en toute indépendance. S'ils se mettaient un jour à parler, ils en diraient bien d'autres : j'ai quelques raisons de n'en pas douter. Sauf pour le nouveau Louvre, qui semble avoir obtenu l'assentiment de la foule, à défaut de celui des connaisseurs, il n'y a qu'une voix, qu'un gémissement. Qui pourrait m'indiquer où les édifices qu'on nous inflige ont trouvé des approbateurs? « Dans *le Constitutionnel*, » me répondra-t-on. C'est précisément ce que je voulais dire.

Ce qui frappe comme le caractère général de cette architecture bâtarde, c'est l'absence d'un principe déterminé, le manque de suite et d'idéal, en prenant le mot dans son sens le plus restreint. Chaque monument porte la trace d'un effort nouveau, et toujours malheureux, où les plus grandes victoires de l'invention ne vont qu'à confondre les styles sous prétexte de les unir, à en bouleverser les dispositions fondamentales sous prétexte de les renouveler. L'ensemble n'est pas varié, il est décousu. C'est une série d'essais et de tâtonnements, qui, ne se tenant par aucun lien artistique, ne représentent rien, et où l'incohérence ne s'affiche pas seulement d'un édifice à l'autre, mais dans les diverses parties d'un même édifice. On commence d'une manière, on finit d'une manière différente ; l'idée qu'on n'a pas pris le temps de mûrir, se modifie en chemin, ou se dénature sous toutes les alluvions étrangères qu'elle est condamnée à subir.

Et, non-seulement, on ne voit nulle part une forme caractéristique, originale, propre au temps, mais on ne voit pas même de persévérance et de fixité dans l'imitation. Il n'y a point là d'éclectisme, il y a de l'indécision : on dirait que l'art énervé n'a plus la force de sentir son impuissance et de choisir ses modèles. Lorsque toutes les époques, même les plus abaissées par la décadence, se sont créé, ou du moins ont adopté un genre, bon ou mauvais, mais auquel on les reconnait à première vue, le seul cachet de l'architecture présente, celle de toutes pourtant qui aura le plus produit, est de n'en point avoir, et son style ne pourra se reconnaître qu'à l'absence de style. La confusion des langues a présidé à ces entreprises ambitieuses, et la grande Babel moderne, comme disent les professeurs de rhétorique, la ville où toutes les idées, toutes les croyances et toutes les passions se heurtent en une mêlée contradictoire, semble se mirer avec complaisance dans ce chaos de monuments disparates.

Une époque, ou plutôt une administration, — car je crois avoir établi que c'est là le fait particulier de l'administration, — qui lègue de tels édifices à la postérité comme le dernier effort de son imagination et de son goût, est définitivement jugée au point de vue artistique. Le programme de M. Duruy lui-même, que penserait-il et qu'aurait-il dit de l'état des beaux-arts au siècle de Louis XIV, qui n'est pourtant pas précisément un grand siècle architectural, si, au lieu des Invalides, de la colonnade du Louvre, de la porte Saint-Denis, il nous avait laissé comme le témoignage suprême de son génie, commandés par le roi, composés et dirigés par ses plus éminents architectes, surveillés et approuvés par ses ministres, exécutés par ses premiers ouvriers, chantés par ses poëtes officiels, admirés avec orgueil par ses critiques en titre, la mairie du premier arrondissement avec sa tour, la fontaine Saint-Michel et le Théâtre-Lyrique? J'aurais honte d'appuyer sur cette question : c'est déjà trop d'avoir pu la poser. — Il est vrai que nous ne sommes plus au siècle de Louis XIV.

N'est-il pas temps enfin de s'arrêter dans cette voie où, depuis douze ans, sans nous laisser respirer, on nous entraine à toute vapeur vers un terme que nous n'apercevons pas encore, et qui recule toujours à mesure qu'on espère l'atteindre? Est-il nécessaire de faire un si long et si rude chemin, à travers tant de ruines et de fondrières, pour arriver au « dégrèvement des taxes locales, » et n'avons-nous pas bien mérité qu'on plante au frontispice de Paris nouveau le bouquet destiné à marquer le *couronnement* de l'édifice?

L'expérience est aujourd'hui concluante; elle ne peut plus rien nous apprendre, et de part et d'autre nous savons à quoi nous en tenir. Monsieur le préfet de la Seine, ayez pitié de nous! votre peuple vous demande merci; il tend vers vous ses mains suppliantes et vous implore, agenouillé dans la poussière de ses ruines. Grâce pour notre faiblesse! faites trêve à ces embellissements forcenés, implacables, dont l'éternelle menace trouble notre sommeil. Arrêtez d'un geste ce flot impétueux de démolitions, cette mer montante, déchaînée à votre voix, qui nous poursuit, nous traque dans notre fuite, et se reforme toujours à nos pieds, avec l'inexorable sévérité d'un châtiment fatal. Monsieur le préfet, laissez-nous le peu qui reste de notre vieux Paris, ne fût-ce que pour nous consoler du Paris nouveau que vous nous avez fait!

PARIS FUTUR

« Je ne fais que commencer. »
(Parole attribuée à M. Haussmann.)

« Ce qui reste à faire est au moins aussi considérable que ce qui vient d'être accompli. »
(Discours de M. le préfet de la Seine à la Commission municipale, le 29 novembre 1864.)

En ce temps-là, j'eus une vision.

Il me sembla qu'ayant dormi longtemps d'un profond sommeil, je me réveillais tout à coup au moment où sonnait la première heure de l'année 1965.

Et l'ange préposé par Dieu à la garde de Paris, me soulevant par les cheveux, me transporta sur le haut d'un monument, d'où il me montra la grande ville étendue à mes pieds.

Et voici ce que je vis :

Je vis une merveille qui eût excité l'admiration de Barême, et fait tomber Monge et Legendre en extase.

Paris, pendant mon sommeil, avait successivement fait craquer ses nouvelles ceintures et débordé de toutes parts sur ses alentours, en les engloutissant dans son sein. Il avait maintenant plus de cent kilomètres de tour, et remplissait à lui seul le département de la Seine. Versailles était son royal vestibule ; Pontoise s'enorgueillissait de former un de ses faubourgs. Chaque jour les citoyens de Meaux montaient sur les tours de leur cathédrale, pour voir si le flot de Paris n'arrivait pas enfin jusqu'à eux. D'étape en étape, les derniers tronçons de ses boulevards, partis de la plaine de Monceaux, venaient expirer sur les bords de la forêt de Chantilly, proprement taillée en parc à l'anglaise. Le boulevard de Sébastopol avait poussé sa pointe en éclaireur jusqu'aux portes de Senlis, et des ilots de maisons grandioses, semées çà et là à travers la plaine aride et nue, dans un désordre sagement réglé par le compas des ingénieurs, comme autant de jalons et de pierres d'attente, faisaient rapidement glisser Paris sur la route de Fontainebleau. Le temps était bien loin où une audace timide et arriérée voulait faire de l'Arc de Triomphe le centre de la ville, dont il était d'abord la sentinelle avancée : dépassé par la marée montante à laquelle il croyait servir de phare et de point de ralliement, le monument de Chalgrin n'était plus qu'une épave surnageant encore dans les lointains les plus reculés de la capitale agrandie, et cette porte d'entrée, qui avait voulu changer de rôle, maintenant punie de son ambition, ressemblait à une porte de sortie sur le vieux Paris. La ville avait fait la moitié du trajet au-devant de l'Océan, et l'Océan s'était avancé à sa rencontre, si bien que l'antique légende de Paris port de mer était enfin une vérité. Le monstrueux cancer, s'étendant toujours, avait rongé toutes les chairs vives autour de lui, et, d'annexions en annexions, la France entière était devenue sa banlieue.

A force de se transformer et de s'embellir, la grande cité avait fini par faire peau neuve des pieds à la tête. Il n'y restait plus aucun vestige de ce passé ténébreux qui déshonorait encore çà et là sa splendeur en l'an de grâce 1865. Un siècle de travaux assidus, dirigés par une demi-douzaine de préfets qui se transmettaient comme un héritage sacré la monomanie furieuse de la bâtisse et le *delirium tremens* de la démolition, en avait fait la capitale-type de la civilisation moderne.

Au centre s'étendait une vaste place d'une lieue de circonférence, autour de laquelle rayonnaient en tous sens, comme les corridors de Mazas autour de sa chapelle, cinquante boulevards, non plus beaux, mais juste aussi beaux les uns que les autres.

Chacun de ces cinquante boulevards avait cinquante mètres de large, et, par ordonnance, était bordé de maisons de cinquante mètres de haut et de cinquante fenêtres de façade. Toutes ces maisons, dont la largeur égalait l'élévation, formaient une longue série de cubes gigantesques, régulièrement alignés. Des lois sages en avaient déterminé, d'après une base uniforme, le mode de décoration extérieure et de distribution intérieure : chacune d'elles renfermait un égal nombre d'appartements, d'égale dimension. Les mêmes lois sages avaient également déterminé l'emplacement et la forme des boutiques de chaque espèce. Il y avait, par exemple, des cafés de première, de deuxième et de troisième classe, comme les préfets, et pour chaque catégorie était réglé avec prévoyance le nombre des salles, des tables, des billards, des glaces, des ornements et des dorures.

Les cafés de première classe, bien entendu, étaient seuls admis sur la ligne des boulevards. Ainsi l'œil n'était plus blessé par ces disparates choquantes que produit l'indiscipline de l'initiative individuelle abandonnée à elle-même, et le niveau centralisateur, cet instrument des civilisations complètes, avait passé partout. Les industries ouvrières, les fabriques, le petit commerce étaient parqués dans les quartiers intermédiaires : il y avait les rues de maître et les rues de service, comme il y a les escaliers de maître et les escaliers de service dans les maisons bien organisées.

De cette place, on pouvait d'un coup d'œil, en pivotant sur soi-même, embrasser Paris entier, et en apercevoir toutes les portes. Le milieu était occupé par une grande caserne monumentale de forme circulaire, surmontée d'un phare, œil immense et vigilant d'où, chaque nuit, un jet puissant de lumière électrique s'élançait sur tous les points de la ville ; percée, vis-à-vis des cinquante boulevards, de cinquante embrasures par chacune desquelles passait la gueule d'un canon, et flanquée d'élégantes rotondes, qui étaient des postes de sergents de ville. Sur le fronton de la caserne, un bas-relief (*utile dulci*), œuvre d'un professeur de cette École des Beaux-Arts régénérée par l'intervention salutaire de l'élément administratif, représentait dans une gloire l'Ordre Public, en costume de fantassin de la ligne, avec une auréole au front, terrassant l'Hydre aux cent têtes de la Décentralisation ; et une frise déroulait autour de l'édifice les épisodes les plus saisissants de cette grande bataille enfin terminée.

Cinquante sentinelles, postées aux cinquante guichets de la caserne, vis-à-vis des cinquante boulevards, pouvaient, avec une lunette d'approche, apercevoir, à quinze ou vingt kilomètres de là, les cinquante sentinelles des cinquante barrières. Un vaste système de fils électriques, rayonnant du centre aux extrémités, mettait de toutes parts ces cent postes en communication, et en une seconde envoyait de la tête à chaque membre les signaux nécessaires.

Un premier boulevard circulaire, de cent mètres de large, bordé d'arcades, faisait le tour de la place ; un dernier, de la même dimension, faisait le tour de la ville, en suivant intérieurement l'enceinte des nouveaux remparts. Les anciennes fortifications, détruites et comblées, n'étaient plus qu'un sujet de dissertation pour les archéologues, comme l'enceinte de Philippe Auguste. Dans l'intervalle, échelonnés de kilomètre en kilomètre, s'arrondissaient concentriquement les uns autour des autres dix boulevards moins larges de moitié, car le Paris de l'an 1965, idéal de la symétrie, et où, par un prodigieux effort de l'imagination municipale, on avait trouvé moyen de ramener la ligne courbe elle-même aux principes de la ligne droite, offrait cet inappréciable avantage d'être rigoureusement fondé sur le système décimal. On pouvait le parcourir et l'étudier comme un problème de mathématiques.

A chaque intersection des dix boulevards circulaires avec les cinquante boulevards qui formaient les rayons de cette vaste roue, s'étendait, suivant les théories géométriques les plus pures, une place, dont le périmètre était exclusivement composé de monuments. Car on ne permettait pas aux monuments de s'éparpiller partout, sans ordre et sans méthode. Ils étaient centralisés. Les provinciaux et les étrangers n'avaient plus besoin de guides pour visiter Paris ; il leur suffisait de suivre le boulevard droit devant eux en sortant de leur hôtel ; le soir, ils se trouvaient de retour à leur point de départ, ayant vu à fond toutes les curiosités du premier cercle, sans avoir eu à s'enfoncer dans les rues latérales, abandonnées aux nécessités de la vie courante. Le lendemain ils recommençaient pour le cercle suivant. Ils savaient même d'avance où se trouvaient les églises et où se trouvaient les mairies, où les casernes et où les théâtres, qui alternaient comme les rimes dans un poëme épique, et ils pouvaient déterminer, par un simple coup d'œil jeté sur le plan de Paris, dans quelle direction il fallait chercher les diverses catégories d'édifices, absolument comme les mathématiciens déterminent le quatrième terme d'une proportion. Jamais un Anglais n'éprouvait le besoin de se hasarder en dehors des boulevards, et nul Parisien ne se souvenait d'en avoir rencontré un seul dans les rues. Les monuments avaient leurs lignes aussi bien que les omnibus : ici les monuments à dôme, et là les monuments sans dôme ; à droite le style ancien, et à gauche le style moderne.

L'ingénieur en chef de la ville avait inventé une puissante machine pour transporter dans l'alignement les anciens édifices conservés. C'est ainsi que l'Hôtel de Ville avait été déplacé de cinq cents mètres, et que l'hôtel des Invalides avait dû tourner sur lui-même, pour occuper sa place dans la cité nouvelle. Les buttes de Saint-Roch, de Sainte-Geneviève et autres étaient venues se ranger docilement dans le bois de Boulogne, le bois de Vincennes et le parc de Monceaux, où elles figuraient parmi les curiosités naturelles, creusées en grottes et arrangées en cascades. Le mont Valérien avait été taillé en colosse de Rhodes, dont les deux mains tenaient élevée sur la ville une paire de flambeaux gigantesques, tandis que ses deux pieds logeaient une machine hydraulique d'où les eaux de la Seine partaient en canaux innombrables ; Montmartre était coiffé d'un dôme, orné d'un immense cadran électrique qui se voyait de deux lieues, s'entendait de quatre et servait de régulateur à toutes les horloges de la ville.

On avait enfin atteint le grand but poursuivi depuis si longtemps : celui de faire de Paris un objet de luxe et de curiosité plutôt que d'usage, une *ville d'exposition*, placée sous verre, hôtellerie du monde, objet d'admiration et d'envie pour les étrangers, impossible à ses habitants, mais unique pour le confortable et les jouissances de tout genre qu'elle offrait aux fils d'Albion. Quand un Parisien avait la petitesse de se plaindre, on lui répondait qu'il n'y a que les esprits vils pour ne point savoir sacrifier leur commodité personnelle aux mâles joies de l'orgueil patriotique.

Le système monumental suivi dans le Paris de 1965 avait produit certaines conséquences que je me souvenais d'avoir vu poindre autrefois. Comme la construction des bâtiments et leur genre d'architecture étaient déterminés *à priori* par le plan général de la ville, au lieu de s'adapter platement aux besoins et aux destinations, il en résultait que les édifices étaient employés parfois à des fonctions imprévues. Les écoles primaires et les sapeurs-pompiers habitaient sous des dômes. Il y avait des palais qui n'étaient occupés que par leur concierge. Il y en avait d'autres qui ne logeaient qu'un jet d'eau. Une fois le palais bâti, on n'en savait que faire, et on se hâtait d'y mettre une statue, ou un jardin, ou bien de le faire peindre à fresque, ou bien encore de créer à son intention, afin de l'utiliser, un haut fonctionnaire qui ne servait à rien. Du reste, tous les palais, même ceux qui ne logeaient qu'un jet d'eau, avaient leur factionnaire, leurs gardiens, leur gouverneur et leur administration.

Les voies principales reproduisaient invariablement la disposition que voici : le long des maisons, un trottoir divisé en deux étages pour les deux courants de piétons marchant en sens opposé ; le long des trottoirs, une chaussée pour les voitures, qui, suivant leur direction, prenaient un des côtés de la rue; au centre, séparées de la chaussée par un parapet, quatre rangées de rails pour les chemins de fer qui sillonnaient Paris en tous sens. Des passerelles joignaient, de distance en distance, les deux rives du remblai, et même dans les rues où ne pénétraient pas les chemins de fer, à tous les carrefours et sur les points les plus encombrés, des ponts volants, comme celui que j'avais vu jadis sur le canal Saint-Martin, aidaient le passant à franchir, sans courir le risque d'être éclaboussé ou écrasé, l'océan de fiacres et d'omnibus qui tourbillonnaient à ses pieds.

Chaque nuit, à deux heures du matin, après la rentrée des théâtres, et lorsque la ville entière était plongée dans les bras du sommeil, des machines à vapeur parcouraient les rues, enlevant la boue du jour et chassant les immondices dans les égouts. Cinq ou six régiments de balayeuses, suivis d'une armée de frotteurs, se répandaient sur les trottoirs, et entretenaient le bitume comme le parquet d'un salon.

Les cinquante boulevards qui rayonnaient du centre à la circonférence portaient les noms des principales villes de France; et les cinquante portes correspondantes, ceux des départements dont chacune de ces villes était le chef-lieu. Les noms des capitales de l'Europe avaient été réservés aux boulevards concentriques. Les places et les ponts les plus importants étaient baptisés au titre des victoires de l'empire; les places secondaires et les carrefours, au titre des victoires de la royauté. On avait distribué aux rues intermédiaires, dans un ordre logique et mûrement étudié, les noms des généraux, des ministres, des industriels et même de quelques écrivains, si bien que la connaissance de la géographie et de l'histoire aidait à se retrouver dans Paris, de même qu'une promenade dans Paris était une leçon d'histoire et de géographie. Rien qu'en conduisant leurs chevaux, les cochers étaient devenus les plus savants hommes de France, et ils songeaient en masse à se présenter à l'Institut. Tous les jeudis et les dimanches, on voyait les chefs de pension et les pères de famille promener méthodiquement des bandes d'enfants à travers la ville, en leur faisant remarquer avec soin les étiquettes et la direction des rues. Paris était comme un grand tableau mnémotechnique, synchronique et chronologique, et le plan de la capitale faisait partie des livres élémentaires adoptés par le conseil impérial de l'instruction publique pour les écoles mutuelles et les classes inférieures des lycées.

Il n'est pas besoin d'ajouter qu'on ne trouvait nulle part aucune de ces vilaines étiquettes qui écrivaient autrefois au coin de chaque voie l'histoire ténébreuse des mœurs et usages du vieux Paris. Plus de rues des Juifs, de la Truanderie, du Grand-Hurleur, des Mauvais-Garçons, du Fouarre, des Francs-Bourgeois, de Tire-Chape et de Vide-Gousset. Fi donc! cela puait le moyen âge et la mauvaise compagnie!

L'œil n'était plus davantage attristé par ces

grands monuments, noirs et sombres, en style gothique, c'est-à-dire barbare, qu'un reste de superstition avait d'abord épargnés. A force de restaurations, Notre-Dame paraissait enfin présentable. On avait rasé Saint-Germain-l'Auxerrois, pour agrandir la place du Louvre, et, tout en regrettant le beffroi et la mairie, les habitants avaient applaudi à cette sage détermination. Les trois cadrans et le carillon du beffroi avaient été transportés dans la tour Saint-Jacques, devenue, au rez-de-chaussée, un poste de garde nationale, afin de servir au moins à quelque chose.

Je cherchai le faubourg Saint-Germain : il avait disparu; le faubourg Saint-Marceau : il n'y en avait plus trace; le faubourg Saint-Antoine : jeté aux tombereaux. Les boulevards de cinquante mètres trônaient partout avec l'égalité de leur splendeur. Sur l'emplacement des grands hôtels de la rue Saint-Dominique et de la rue de Varennes, ces asiles surannés de l'oisiveté aristocratique, comme aux lieux où s'ouvraient naguère les colléges et les cloîtres de la vieille Université, ces débris de la féodalité et de la scolastique, s'étendaient à perte de vue de belles rangées de magasins étincelants et de cafés dorés sur tranches. Par quelque bout qu'on prît la nouvelle ville, c'était toujours le même Paris, le Paris majestueux et splendide, comme il sied à la capitale du monde. Il n'avait plus ni queue ni tête, ni commencement ni fin : partout on se croyait au centre, ce qui fournissait aux poëtes (il en restait encore, hélas! et l'administration tolérait même ces insensés avec bienveillance, et les nourrissait à ses frais dans un prytanée, pour lui faire des cantates aux jours de fêtes) l'occasion naturelle de comparer la grande ville à la voûte des cieux.

En regardant les maisons de plus près, j'observai deux détails, qui m'avaient échappé d'abord, et qui intriguèrent singulièrement ma curiosité. A la façade de chacune d'elles était adapté un petit instrument, semblable à un compteur, dont je ne pus comprendre le but. Mon guide m'expliqua que c'était un aéromètre, servant à mesurer les mètres cubes d'air respirable strictement nécessaires à chaque appartement, et à vérifier si chaque locataire jouissait de la part d'oxygène à laquelle il avait droit. Sur tous les toits s'alignaient des séries de jolis pavillons qui, à ce que j'appris bientôt, étaient destinés à des locations supplémentaires. Les maisons avaient leurs impériales, à l'instar des chemins de fer et des omnibus. Tandis que les magasins du rez-de-chaussée coûtaient de cinquante à cent mille francs de loyer, que le moindre appartement montait à dix mille, le prix de ces pavillons ne dépassait pas mille écus. C'était l'asile ordinaire des employés du gouvernement et des journalistes célibataires. Quant aux ouvriers, relégués au delà du mur d'enceinte, ils faisaient matin et soir cinq ou six lieues en chemin de fer pour se rendre à leurs travaux ; mais on les laissait entrer en casquette et en blouse dans les palais, et les candidats à la députation leur rappelaient de temps à autre qu'ils étaient « le peuple souverain. »

De vingt pas en vingt pas s'élevaient, sur toutes les lignes des boulevards, de charmantes vespasiennes à trois compartiments, en forme de tourelles gothiques ; car l'administration, pour répondre aux calomnies de certains pamphlétaires, logés dans les pavillons des toits, avait tenu à prouver qu'elle comprenait tous les styles.

Les kiosques des marchands de journaux se dressaient à tous les coins de rues. Grâce aux lumières de l'opinion, éclairée par une longue expérience, et aux mesures salutaires d'une administration paternelle, qu'une ingratitude persévérante n'avait pas découragée, le nombre des feuilles rédigées dans un bon esprit s'était multiplié d'une façon rassurante pour l'ordre public. Le service de ces kiosques était fait par une escouade spéciale d'agents en uniforme, à qui d'autres agents du service de sûreté publique apportaient matin et soir les liasses de gazettes contenant les libres appréciations des agents supérieurs, sans uniforme, sur le gouvernement qui les payait fort cher, afin qu'ils le contrôlassent plus sévèrement.

J'étais descendu et je me promenais au hasard par les rues de l'ancien Paris, je veux dire du Paris de 1865, en compagnie de mon guide. Les boulevards s'allongeaient après les boulevards, les places succédaient aux places, les dômes aux colonnades et les colonnades aux dômes. Sans une cuisson douloureuse à la plante des pieds, il m'eût semblé que je restais immobile, au centre d'un vaste décor qui se déroulait autour de moi, en revenant perpétuellement sur lui-même. Au bout de quelques heures de marche, je débouchai tout à coup devant le Palais-Royal, et je vis avec satisfaction qu'on l'avait réuni au Louvre, comme les Tuileries. Je tournai ce dernier palais, cherchant le jardin et ne le trouvant pas : sauf la partie réservée au château, il était devenu invisible. Le Jeu de paume, le poste des municipaux, le café de la Terrasse et l'Orangerie avaient poussé de toutes parts leurs ramifications de pierres. Une modeste succursale de la machine de Marly se prélassait sur le grand bassin, relié par un canal souterrain à la Seine, et l'avenue des Champs-Élysées prolongeait sa bordure d'hôtels jusqu'à la place de la Concorde.

De l'autre côté de l'eau, deux boulevards se croisaient sur l'emplacement du parc du Luxembourg, qui avait si longtemps abusé de la tolérance municipale pour inutiliser cinquante ou soixante mille mètres d'excellent terrain, et enlever à la circulation des capitaux considérables. On avait réuni à travers le jardin la rue Soufflot à la rue de Fleurus, et la rue Bonaparte à la rue de l'Ouest, pour la plus grande commodité des charretiers et pour mettre *Bobino* en communication avec le Panthéon. L'avenue de l'Observatoire se mirait avec orgueil dans ses trottoirs d'asphalte verni. Une station de fiacres recouvrait la pelouse de l'Orangerie; aux lieux où fut la Pépinière, l'odeur des lilas était remplacée par l'odeur du troupier; on vendait de l'absinthe perfectionnée dans la grotte de Médicis, et les porteurs d'eau venaient remplir leurs baquets à la fontaine de Jacques de Brosse. Mais, en guise de dédommagement pour les âmes romantiques, l'édilité de l'an 1965 avait ouvert des squares sur la place Saint-Sulpice, autour de l'Obélisque et de l'Arc de Triomphe de l'Étoile, accordant ainsi à la nature son droit au soleil, toutefois sans lui permettre d'empiéter sur celui des boutiques. D'ailleurs un perfectionnement ingénieux s'était introduit dans la fabrication des squares. L'administration les achetait tout faits, sur commande. Les arbres en carton peint, les fleurs en taffetas, jouaient largement leur rôle dans ces oasis, où l'on poussait la précaution jusqu'à cacher dans les feuilles des oiseaux artificiels qui chantaient tout le jour. Ainsi l'on avait conservé ce qu'il y a d'agréable dans la nature, en évitant ce qu'elle a de malpropre et d'irrégulier.

Tout à coup, vers le milieu de l'ex-jardin des Tuileries, je débouchai sur une place immense, dont la coupole était vitrée, par mesure de précaution contre les injures du soleil et de la pluie. Le périmètre en était formé tout entier par quatre monuments, où se résumaient à merveille les intérêts principaux et les besoins essentiels d'une grande capitale : une mairie, une caserne, un théâtre et la succursale de la Bourse. Par une exception glorieuse et bien méritée, cette place, au lieu de porter le nom d'une victoire, portait le nom d'un victorieux, — de celui qui avait vaincu les ténèbres et les résistances du vieux Paris, du promoteur de ce grand mouvement de transformation, qu'on n'avait fait que suivre en le dépassant. Au milieu de la place, sur un haut piédestal de bronze, se dressait la statue colossale de ce second fondateur de la cité, en costume de Grand Édile, revêtu de la toge et du laticlave. A demi soulevé sur sa chaise curule, d'un geste impérieux et serein il étendait un doigt sur la carte de Paris déployée devant lui, et de l'autre main il tenait un compas ouvert, qui fulgurait comme un glaive. De petits génies jouaient à ses pieds avec des niveaux, des pioches et des truelles.

En m'approchant, je m'aperçus que cette statue servait en même temps de calorifère et de borne-fontaine. Elle avait un tuyau de pompe dans la poitrine et un tuyau de poêle dans le dos ; elle jetait du feu par le haut du corps et de l'eau claire par le bas. De plus, ell' tenait lieu de candélabre pendant la nuit. La flamme intérieure prêtait au bronze des reflets fantastiques dans l'ombre, et les bouches de chaleur, placées entre les lèvres, les paupières et les narines, se changeaient en bouches de lumière, répercutées à l'infini par la voûte de cristal. Cette manière d'utiliser jusqu'à l'inutile, et de régénérer l'art par une salutaire infusion d'industrie, me frappe comme la plus éclatante révélation du progrès dans ses rapports avec la nouvelle capitale.

Les quatre faces du piédestal étaient remplies par autant de bas-reliefs expressifs et ingénieusement choisis. Sur le devant on voyait la Ville de Paris, coiffée de ses tours, dirigeant la théorie des communes suburbaines, et venant à leur tête se prosterner aux genoux du Grand Édile, qui la relevait en lui donnant sa main à baiser. A droite, le Grand Édile était assis à sa table de travail, plongé dans une méditation profonde et les yeux fixés sur un plan ; de chaque côté de lui, l'Art et la Civilisation soulevaient leurs flambeaux pour l'éclairer, et la commission municipale, rangée en cercle dans un religieux silence, comme les gerbes du songe de Joseph, l'adorait. A gauche, le Grand Édile frappait du pied le sol et en faisait jaillir une forêt de dômes, de campaniles et de colonnades, qui venaient se ranger devant lui, aux sons enchanteurs d'un concerto de lyres exécuté par les Amphions de la commission municipale. Dans un coin, je distinguai vaguement un épisode où la Ville de Paris jouait un rôle dont je ne me rendis pas bien compte : je ne pus voir au juste si elle mettait la main sur son cœur, en signe de reconnaissance éternelle, ou sur sa bourse, pour payer les violons de la municipalité. La face postérieure du piédestal était divisée en deux parties : l'une représentait l'Assomption de la Ville de Paris, soulevée vers la nue sur les bras d'une légion d'architectes et d'ingénieurs, nus comme des Amours pour les besoins du style. La France, la main étendue, la contemplait dans une attitude d'admiration extatique, et Londres, Vienne, Saint-Pétersbourg, Berlin, Rome et Constantinople, symétriquement rangées sur le premier plan, faisaient fumer de l'encens dans des cassolettes. L'autre partie représentait l'apothéose du Grand Édile, et je n'en ai plus qu'un souvenir confus. Je me souviens seulement que, dans un angle inférieur, la Postérité, sereine et grandiose comme l'ange qui apparut à Héliodore, chassait à coups de fouet, dans une trappe, les monstres hideux de l'Envie et du Dénigrement.

J'entendis un coup retentir. Ah! comme la Postérité frappait à tour de bras! Un second coup. Je m'agitai faiblement, croyant sentir déjà le fouet de la Postérité sur ma propre tête. Il me sembla qu'on marchait vers moi, et je me reculai d'instinct, en balbutiant quelques mots mal articulés. Un bras vigoureux me secoua.

Je me dressai sur mon séant. Par la fenêtre

entr'ouverte pénétraient jusqu'à mon lit des flots de soleil, et des torrents de poussière. Le bruit des pics et des pioches, la chanson de la scie, de l'essieu des charrettes lourdement chargées et de la truelle Berthelet grinçant sur la pierre, emplirent mon oreille comme une trombe. Mon concierge était devant moi : il ressemblait à la Civilisation du bas-relief de droite.

« Un cauchemar, monsieur ? fit-il, portant respectueusement la main à sa casquette.

— Non, non, un rêve, un bien beau rêve ! Mais, si ce n'était qu'un rêve, pourquoi m'avez-vous éveillé ? »

Il me tendit, avec un sourire doux et triste, un papier qu'il tenait à la main.

C'était une sommation de la Ville de Paris, la troisième depuis six ans, d'avoir à vider les lieux dans le délai de deux mois, pour faire place à la prolongation du boulevard Saint-Germain.

« Ah ! m'écriai-je, vous voyez bien que ce n'était pas un rêve ! »

APPENDICE

I

LES NOUVEAUX NOMS DES ANCIENNES RUES DE PARIS

Il ne sera pas hors de propos de compléter ce volume en soumettaut au lecteur quelques observations et quelques doutes sur la récente liste des noms de rues, éditée par notre infatigable commission municipale le 24 août de l'an 1864. Ce sont remarques purement *platoniques*, si je puis ainsi dire, — comme il importe de s'y résigner pour toutes les critiques qui s'attachent au nouveau Paris, même quand il ne s'agit pas, comme dans la circonstance présente, d'un fait accompli.

Il faut rendre d'abord cette justice à la nomenclature de la commission, qu'elle a mécontenté à peu près tout le monde. Les journaux des opinions les plus diverses se sont rencontrés sur le terrain de l'opposition : je ne parle pas, bien entendu, des journaux officieux, qui ont des grâces d'état.

Il est possible, comme je l'ai lu dans un *communiqué*, que cette mesure ait pour résultat l'amélioration du service postal. Ce point de vue administratif est en dehors de la question qui nous occupe, et on nous permettra d'y être peu sensible. D'ailleurs, les analogies réelles, mais incomplètes, ou faciles à discerner nettement l'une de l'autre, qu'on pouvait signaler dans la liste primitive, n'ont jamais été un obstacle sérieux à la rapidité des communications, comme à Londres par exemple, où elles sont innombrables et bien autrement compliquées. Il est à craindre que ce changement n'embrouille d'un côté ce qu'il éclaircit de l'autre, et n'apporte autant d'embarras nouveaux qu'il en détruira d'anciens[1]. Un homme qui a été incapable jusqu'à présent de distinguer la rue des Marais-Saint-Ger-

[1] Ici encore ma conjecture s'est trouvée vérifiée. La plupart des journaux ont raconté, vers la fin de décembre dernier, l'histoire instructive de M. B., sujet anglais, domicilié à Paris, au lieu dit, il y a quatre ans, place Pentagonale; il y a deux ans, place Wagram, et connu aujourd'hui sous sa première appellation de place Pentagonale, le nom de Wagram ayant été donné récemment à un autre square placé dans le même quartier. M. B..... envoya, le 22 décembre, de la rue Vivienne, où il a son bureau, une dépêche à sa famille, laquelle dépêche lui fut retournée le lendemain avec cette mention : *Destinataire inconnu. — La place Pentagonale n'existe pas*. M. B...., qui habite depuis plusieurs années le lieu en question, trouva l'assertion un peu absolue. Français, il se le fût tenu pour dit, et serait resté convaincu que, par une erreur dont il était seul coupable, il avait cru demeurer en un endroit qui n'existait que dans son imagination. Mais M. B.... est Anglais, et, fidèle à la devise de l'Angleterre : *Dieu et mon droit*, il adressa une réclamation à la direction générale des lignes télégraphiques, qui s'excusa, il faut lui rendre cette justice, avec le plus grand empressement.

« La dernière édition de la nomenclature des rues de Paris, était-il dit ou à peu près dans cette lettre justificative, bien que dressée par M. Sagansan, géographe de l'administration des postes, ne fait aucune mention de la place Pentagonale. Malgré le zèle apporté par l'administration pour se *mettre sur la trace* des changements opérés dans la dénomination des voies de communication, elle n'arrive pas toujours à des renseignements exacts, et doit s'en tenir à des documents officiels, malheureusement incomplets. »

Si une administration publique se trouve débordée par l'activité de M. Haussmann, dit *le Temps*, que feront d'humbles Parisiens, qui sont, au dire de M. le préfet de la Seine, *gens nomades et tout à fait désordonnés dans leurs allures* ?

main de la rue des Marais-du-Temple, et de marquer sur l'adresse de sa lettre s'il écrit à la rue Saint-Jean de Paris-Batignolles, ou de Paris-Montmartre, ne le sera-t-il pas tout autant de se loger dans la tête, sans erreur et sans confusion, cette foule de nouveaux noms substitués aux anciens; et est-il bien sûr que la tâche se trouvera simplifiée pour lui ou pour les intermédiaires qu'il emploie? Je souhaiterais savoir ce que les cochers et les commissionnaires, directement intéressés à la question, pensent du soulagement que l'administration leur a préparé. Pour ma part, je sens que le prétendu fil d'Ariane de la commission municipale va me dérouter pour longtemps.

Tant que le Paris de M. Haussmann ne sera pas terminé, — et les plus optimistes n'osent prévoir quand il le sera, — nous voilà tenus de renouveler tous les mois nos provisions de cartes et de *Guides*, de démeubler et de remeubler sans cesse notre mémoire, obligée par ces transformations incessantes à plus de déménagements encore que n'en a eu à subir le citoyen le plus traqué par l'expropriation. Les libraires demandent grâce, les géographes n'y peuvent suffire. A peine à l'étalage, le dernier plan de Paris n'est plus qu'un chiffon de rebut. Les *Indicateurs* s'essoufflent à vouloir fixer au vol la ville du jour, dont la mobilité raille tous leurs efforts, et ils en sont réduits à jeter leurs tableaux au pilon avant même de les avoir mis en vente. Paris se dérobe sans cesse devant l'esprit qui veut en prendre possession, comme ces siéges qu'un enfant taquin renverse derrière vous au moment où vous allez vous y asseoir. L'armée des éditeurs va pour la vingtième fois se remettre à l'œuvre; mais avant qu'ils aient fini, on aura percé deux ou trois nouvelles rues, raturé une douzaine d'anciennes, projeté cinq ou six nouveaux boulevards et dressé une nouvelle nomenclature, qui les forceront à recommencer. C'est leur affaire, après tout; ils ont eu le temps de s'y habituer, et le proverbe dit que l'habitude est une seconde nature. Si l'on n'avait depuis longtemps inventé l'art d'imprimer en caractères mobiles, M. le préfet de la Seine le leur aurait enseigné à lui seul.

Il y a deux points dans la question qui nous occupe : celle des noms supprimés, et celle des noms substitués. La division et la marche de cet examen se présentent d'elles-mêmes.

Examinons d'abord le premier point.

C'est une règle élémentaire, et dont personne, je crois, ne contestera la justesse, qu'il faut toucher le moins possible aux noms des rues, et seulement en cas de nécessité réelle, — nécessité matérielle ou nécessité morale, — tant pour ne pas apporter de trouble dans les habitudes consacrées, que par respect pour les traditions et les souvenirs que ces noms rappellent. La commission municipale ne semble pas se douter suffisamment que les anciennes étiquettes de nos rues ont une signification; qu'elles écrivent, pour ainsi dire, à tous les pas, la chronique des mœurs, des usages, des croyances, des divertissements de nos pères, l'histoire physique et civile de la plus illustre cité du monde. Avant les *embellissements* cruels qui ont produit dans la vieille ville l'effet désastreux de dix siéges et de trois ou quatre bombardements, on eût pu reconstituer, rien qu'avec ces noms, les annales de Paris. Je le répète, la commission municipale ne le sait pas assez, et il est fâcheux que, parmi les membres fort honorables dont elle se compose, on n'ait point songé à donner place, à côté des savants, des administrateurs, des commerçants, des artistes, à quelque archéologue qui eût étudié cette histoire, qui la comprît, l'aimât, et eût pu en enseigner le respect à ses confrères. Assurément, un avoué ni un ingénieur ne sont à dédaigner dans le conseil souverain de la ville ; je ne trouve même nullement qu'un peintre comme Delacroix et un écrivain comme Scribe y fussent déplacés. Mais ce qu'il y faudrait surtout, puisqu'il s'agit d'un lieu universel, qui est la propriété de l'histoire, et non d'un domaine privé qu'on puisse tailler à sa guise comme le potager d'un bourgeois, c'est un homme qui connût vraiment Paris, — et c'est là justement, si j'en juge par les apparences, ce à quoi l'on n'a point songé.

Que l'on ait considéré comme absolument nécessaire de remplacer par de nouveaux noms, dans la liste des rues, ceux qui faisaient double emploi, je n'ai pas du tout l'intention d'aller à l'encontre. En principe, on ne peut blâmer cette idée, surtout après l'annexion de la banlieue, qui a considérablement accru le nombre de ces répétitions. Mais s'est-on strictement tenu dans ces limites, et tous les noms supprimés faisaient-ils bien réellement double emploi? On va en juger.

J'en remarque tout d'abord plusieurs qui ne rentrent en aucune façon dans cette catégorie. Il n'y avait ni deux rues de Cluny, ni deux rues Percier, et il est impossible de comprendre par quel motif on a débaptisé les seules qui existassent. Il était si facile de placer M. Cousin ailleurs que dans la première de ces rues, dont la dénomination exhalait un parfum gothique à réjouir le cœur des antiquaires! M. Cousin, qui est éclectique, se fût contenté de celle qu'on lui eût offerte. En sa qualité d'archéologue passionné, il a dû souffrir de raturer avec son nom celui d'une rue du treizième siècle, et je le préviens que les amateurs du vieux Paris ne le lui pardonneront pas sans peine. Si l'on tenait à le placer dans le voisinage de la Sorbonne, pour ne point déranger ses habitudes, il y avait la rue des Poirées, qui n'est pas fort jolie sans doute, mais dont un philosophe se serait probablement accommodé aussi bien que le chancelier Gerson, — ou la place Louis-le-Grand, que, par une contradiction singulière avec le principe même de la nouvelle nomenclature, la commission a mise encore sous le patronage du même chancelier.

Le 10ᵉ arrondissement possédait une rue de Chastillon, ainsi nommée de l'un des architectes qui ont construit l'hôpital Saint-Louis. Certes, Chastillon n'est pas un grand homme; mais s'il fallait effacer des rues de Paris tous ceux qui ne sont pas de grands hommes, la nouvelle liste de l'administration même courrait risque d'être diminuée d'un bon tiers. Je n'aurais point conseillé de le mettre ; il fallait le laisser puisqu'il y était. L'avenue des Triomphes n'était pas davantage un double emploi ; si l'on a craint une confusion avec la rue de l'Arc-de-Triomphe, c'est vraiment pousser le scrupule un peu loin. Quant à la rue de la Triperie, je conçois qu'on l'ait débaptisée sans autre motif que ce vilain nom qui faisait tache dans le nouveau Paris : nos pères n'étaient pas gens si délicats que M. le préfet de la Seine.

Comment et par où la rue Vendôme pouvait-elle se confondre avec la place ou le passage du même nom ? Qu'on ait supprimé la rue de Beauvau, dans le 12e arrondissement, parce que cette désignation pouvait faire croire qu'elle conduisait à la place Beauvau, située bien loin de là ; qu'on ait agi de même pour la rue Voltaire, qui avait le tort de ne pas aboutir au quai du même titre, soit ! Mais ici, rien de pareil. Il est tout naturel qu'une rue qui conduit à une place porte le même nom que cette place, ne fût-ce que pour indiquer qu'elle y aboutit, et qu'un passage situé dans une rue porte le même nom que cette rue, ne fût-ce que pour indiquer l'endroit où il se trouve. Cela est si vrai que la commission elle-même, par une inconséquence bizarre, a suivi, dans ses dénominations nouvelles, une marche semblable à celle qu'elle condamnait dans les dénominations anciennes : on trouve dans sa liste la rue et la place de l'Argonne, la rue et l'avenue de Bouvines, la rue et le passage d'Alleray, etc., etc., comme si elle avait pris à tâche de se condamner de sa propre main.

Je ne vois pas davantage en quoi la rue des Amandiers-Sainte-Geneviève faisait double emploi soit avec la rue Sainte-Geneviève, soit avec la rue des Amandiers-Popincourt. Ce vocable avait pour lui l'avantage non-seulement d'être connu et consacré depuis longtemps, mais encore d'être tout à fait charmant, beaucoup plus, à coup sûr, que celui du géomètre Laplace. La rue du Moulin-de-Javelle se distinguait non moins aisément de toutes les autres rues du Moulin semées sur les divers points de Paris, et elle indiquait à ceux qui aiment à retrouver la trace des vieilles choses, l'emplacement de ce rendez-vous si fameux à la fin du dix-septième et au commencement du dix-huitième siècle, célébré dans tous les vaudevilles du temps et rendu presque illustre par une des plus spirituelles comédies de Dancourt.

Si c'est une règle élémentaire de ne toucher aux noms des rues de Paris qu'en cas de nécessité absolue, il n'est pas moins évident que les changements doivent porter de préférence sur les voies les moins anciennes, les moins historiques, les moins consacrées par le temps et les souvenirs, sur celles aussi qui font partie des obscurs et lointains parages de la banlieue et ne sont pas couvertes par cette longue possession du droit de cité qui était jadis une protection efficace. La commission, j'aime à lui rendre cette justice, a généralement suivi cette marche, hormis toutefois un certain nombre de cas que j'ai peine à comprendre. Si l'on voulait absolument effacer quelque part le nom de Rossini et celui du Ranelagh, portés à la fois par une rue et une avenue, les convenances populaires, comme les souvenirs historiques, commandaient de faire porter cette suppression plutôt sur des rues subalternes, ou destinées à disparaître prochainement, que sur d'importantes avenues, où le changement va produire une perturbation bien autrement considérable. On ne peut croire que la commission municipale, dans une pensée d'opposition coupable, ait voulu humilier Rossini, au moment même où il venait de recevoir la croix de grand officier de la Légion d'honneur ; quant au Ranelagh, pour peu qu'elle ait eu l'imprudence de prendre ses renseignements sur son compte auprès des journaux officieux, peut-être a-t-elle cru, avec les grands érudits du *Pays*, qu'il avait été fondé par un officier d'ordonnance du vainqueur de Waterloo, et que dès lors elle faisait un acte patriotique en effaçant ce nom.

Il y avait deux rues Pavée, et deux rues des Marais, sans compter celles de la banlieue. Pourquoi avoir justement raturé, sur ces quatre étiquettes, celles qui étaient consacrées par la possession la plus ancienne? Pourquoi, parmi toutes les rues placées sous le vocable de Ménilmontant, avoir respecté celles qui se trouvent à Belleville et débaptisé celle de Paris, une voie historique, rappelant des souvenirs qui étaient pour ainsi dire incarnés avec son nom? Pourquoi?...

Tes pourquoi, dit le dieu, ne finiront jamais.

Arrêtons donc ici cette première partie de notre examen, et passons à la seconde, où nous aurons bien d'autres questions à faire.

J'ai cherché à me rendre compte des principes qui ont guidé la commission dans le choix des noms nouveaux qu'elle a substitués aux anciens, et je n'ai pu encore en venir à bout. Je vois bien dans sa liste des personnages de toute nature et de tout pays, depuis les plus illustres jusqu'aux plus inconnus, depuis des prélats et des missionnaires jusqu'à des athées ; mais je ne vois pas quelle marche elle a suivie, et la logique de son plan m'échappe. On dirait qu'elle a mis pêle-mêle dans une urne cent quatre-vingt-seize noms choisis au hasard par un commis des bureaux de l'Hôtel de Ville, et qu'elle les a inscrits dans l'ordre où les lui présentait ce classique enfant aux yeux bandés, qui était chargé de symboliser la Fortune dans le tirage des anciennes loteries.

Sauf peut-être une demi-douzaine d'exceptions, qu'on est tenté de prendre pour un pur effet du hasard, elle ne paraît pas avoir cherché un moment à procéder autant que possible par voie d'assimilation, de manière à enchaîner en quelque sorte le nouveau nom à l'ancien souvenir. Il est évident que le hasard seul a pu substituer le nom de Raphaël à celui du Ranelagh, remplacer la rue d'Amboise par la rue Thibaud, l'impasse des Miracles par la rue Lancret, et la rue Notre-

Dame par la rue Desbordes-Valmore. Dans le cinquième arrondissement, si la Sorbonne a rappelé à la commission le chancelier Gerson, le collége historique de Louis-le-Grand ne lui a rien rappelé du tout, ni son fondateur Guillaume Duprat, ni aucun de ses illustres professeurs; et le Collége de France n'a pas été plus heureux. L'arrondissement du Palais-Bourbon n'a obtenu en partage que des noms guerriers, sauf un seul, qui ne touche par aucun côté à l'éloquence parlementaire. Le nom de Charles Lebrun, le premier directeur des Gobelins, ne lui est même pas venu à la pensée, dans le treizième arrondissement. Enfin, car il faut abréger, lorsqu'il s'est agi de rebaptiser les alentours de la place Royale, elle n'a songé à aucun des hôtes fameux qui illustrèrent, au dix-septième siècle, cette place et les rues voisines, depuis le cul-de-jatte Scarron jusqu'à la marquise de Sévigné.

Une trentaine de saints ont été supprimés dans l'ancienne nomenclature, sans compter ceux qui l'ont été en double et en triple exem-

plaire. Pas un d'eux n'a été remplacé par un
autre. Je n'en fais pas un crime à la commission : elle est de son siècle, où les saints ne sont
pas en aussi bonne odeur que les chimistes.
Qu'auraient dit les gens éclairés si elle avait eu
la faiblesse de puiser dans le calendrier ? Il faut
reconnaître d'ailleurs qu'elle a eu du moins le
bon goût d'admettre dans sa liste des noms
comme ceux de Baussel, d'Affre et de Bridaine.
Peut-être eût-il été de meilleur goût encore,
pendant qu'elle en était aux prédicateurs, de ne
pas s'arrêter à Bridaine et d'aller jusqu'à Lacordaire ; mais je n'insiste pas sur ce point délicat.
Ce que je voulais dire, c'est que les saints détrônés ont eu la plupart des géomètres et des
naturalistes pour successeurs, ce qui est dans la
logique des choses. Seulement il eût fallu prendre garde à certains contrastes pour le moins
bizarres, dont je ne citerai qu'un exemple, celui
de l'athée Lalande substitué au nom de Sainte-Marie.

Les savants et les mathématiciens de tout

genre, particulièrement les ingénieurs, se partagent presque toute la liste avec les généraux. Quand je dis les généraux, ce n'est pas pour exclure les simples colonels, comme le colonel Brancion et le colonel Combes. La commission a traité l'épaulette avec une véritable munificence : elle a recueilli jusqu'à des noms comme ceux d'Allent et de Lemarrois, dont les profanes n'eussent même pas soupçonné l'existence. Le décret du 2 mars précédent avait distribué d'un coup les noms de dix-neuf généraux, tous du premier empire, aux dix-neuf sections de la rue Militaire transformée en boulevard. Mais les savants ont été plus généreusement favorisés, encore. Le royaume de Paris est aux ingénieurs, et M. Haussmann leur devait bien cela. La gloire accordée aux ingénieurs morts est la garantie de celle qui attend les ingénieurs vivants. Tracez de nouvelles rues, messieurs, ne vous lassez pas ; creusez, abattez, percez, nivelez! La voie que vous alignez au cordeau est peut-être celle qui dans vingt ans portera votre nom.

Les mathématiques ont enfin trouvé leur grand jour de gloire. La commission a mis une auréole à la table des logarithmes. Elle a fait monter en masse les géomètres au Panthéon. D'Alembert, Deparcieux, Poinsot, Laplace, Nollet, Fresnel, Vernier, Polonceau, Mariotte, Davy, Berzélius, Galvani, Oberkampf, etc., etc., flamboient comme des météores dans la liste, où Bayen, Gauthey, Cugnot, et nombre d'autres étoiles de dixième grandeur, complétement inaperçues jusqu'alors du commun des mortels, rayonnent d'un timide et modeste éclat. Connaissiez-vous Bayen? Aviez-vous quelque notion de Cugnot? Le nom de Lamandé avait-il jamais frappé vos yeux ou vos oreilles? Et n'êtes-vous pas émerveillé des trésors d'érudition qui se cachent dans le sein de la commission municipale, quand elle inscrit triomphalement sur sa liste les noms de Gomboust et de Rouvet, qui ne s'attendaient certes pas, de leur vivant, à l'honneur de servir un jour de parrains à deux rues de Paris?

Après les généraux et les ingénieurs, les arlistes n'ont pas été oubliés. On a même ressuscité, pour la circonstance, le graveur Richomme, le musicien Wilhem et le serrurier Biscornet, ce qui est assurément pousser la condescendance aussi loin que possible. Mais, je ne sais pourquoi, les belles-lettres n'ont pas été aussi généreusement traitées, et l'Académie française, avec Quinault, Lacretelle, Casimir Delavigne, et... Dangeau, fait piètre mine à côté du brillant contingent fourni par ses sœurs, l'Académie des beaux-arts et l'Académie des sciences. Décidément l'Académie française n'est pas en faveur aujourd'hui.

Ce que la commission semble avoir particulièrement oublié, ce sont justement les noms auxquels elle eût dû penser avant tout, c'est-à-dire ceux des hommes célèbres nés à Paris. Je pourrais dresser ici sans peine une liste d'une centaine au moins de ces noms, qui n'ont pas encore trouvé place au baptême des innombrables rues de leur ville natale. Est-on bien fondé à dédaigner des hommes comme Anquetil-Du-

perron, Arnauld, le père Bouhours, l'ébéniste
Boule, Charlet, Carmontelle, les sculpteurs Cartellier, Chaudet, Falconet, le comte de Caylus,
le moraliste Charron, le dramaturge la Chaussée,
Collé, la Condamine, madame Deshoulières, Dufresny, le jurisconsulte Dumoulin, l'économiste
Dupont de Nemours, le maréchal de la Ferté,
Nicolas Flamel, Furetière, Gail, Fréret, qui,
déjà considérables en eux-mêmes, prennent
une valeur bien plus grande lorsqu'on les
compare à la majorité des élus? Si l'exécution d'un plan de Paris a mérité à Gomboust
l'honneur de devenir le parrain d'une rue, à
plus forte raison cet honneur n'était-il pas dû
à Sauval et à cinq ou six autres, qui ont
écrit l'histoire de la ville, qui y vinrent au
monde, et qui sont bien autrement connus?
Comment se fait-il que Fourcroy, un chimiste
pourtant, n'ait pas trouvé place là où l'on
admettait Vernier et Laugier? Croit-on qu'Alexandre Hardy et Jodelle, en leur qualité de
fondateurs de notre vieux théâtre, eussent été

déplacés aux abords de quelqu'une de nos salles de spectacle ? Où était la nécessité de recourir si largement aux pays étrangers, quand Gros, Guérin, le peintre Lebrun, le philosophe Malebranche, Naudé, Étienne Pasquier, Quatremère, Rollin, Sylvestre de Sacy, Jean-Baptiste Rousseau et Saint-Simon, l'auteur des *Mémoires*, sont encore exclus de la nomenclature des voies de Paris ? Pense-t-on même que Laujon, Legouvé, Lemierre, le Nôtre, Patru, Perrault, l'abbé de Rancé, Tavernier, Santeuil, de Thou, l'orientaliste Rémusat et le poëte Villon n'eussent pas valu Biscornet, Yvart, Nicot, et tant d'autres, sur lesquels, outre l'avantage de la notoriété, ils ont celui d'être nés à Paris ? Madame de Staël, elle aussi, est une Parisienne : pousserait-on la rancune jusqu'à lui faire porter, aujourd'hui encore, la peine de sa petite guerre de langue et de plume contre le premier empereur ?

On a donné à deux rues les noms de Titien et de Beethoven, qui ne sont jamais venus chez nous : je suis loin de m'en plaindre, on le croira sans peine. Le génie est le patrimoine de tous les pays. Mais du moins n'eût-il pas fallu oublier d'autres noms aussi grands, plus grands encore, celui de Dante, par exemple, que recommandait spécialement à la commission municipale le voyage qu'il fit à Paris pour y conclure un traité au nom de la Toscane, et y suivre les cours de cette Université qui était alors la lumière du monde savant. Comme Dante, Boccace a séjourné à Paris: on croit même généralement qu'il y est né. Malgré cette circonstance, et bien que Boccace soit un des créateurs de la prose italienne et des plus grands érudits du quatorzième siècle, je comprendrais que le souvenir de son *Décameron* l'eût fait écarter, si la commission n'avait pris soin de détruire elle-même cette fin de non-recevoir en ajoutant Brantôme sur cette liste où figurait déjà Rabelais.

En s'écartant de ce point de vue exclusif, on trouverait bien d'autres oublis bizarres. Non, Dieu merci, nous ne sommes pas tellement pauvres en grands hommes qu'il fût nécessaire de fouiller, comme l'a fait la commission, dans les sous-sols de la célébrité, pour en exhumer les Ginoux, les Rébeval, les Galleron et les Christiani. Je crois volontiers que ces noms cachent des vies utiles et des actions honorables, sinon éclatantes; mais il faut avouer qu'ils les cachent bien. Toutefois je leur passerais volontiers cette usurpation innocente s'ils n'avaient pris une place que n'ont pu arriver à conquérir jusqu'à présent ni des noms célèbres comme Prudhon et Mathurin Régnier, ni des noms illustres comme madame de Sévigné et Turenne. Penser que Thibaud, Ginoux et Lamandé se prélassent dans cette nomenclature d'où Turenne est exclu, cela est rude, et nous excuse assurément de courir sus à Lamandé, Ginoux et Thibaud.

Mais s'il y a tant de noms que nous ne pouvons parvenir à reconnaître dans la nouvelle liste, c'est un peu la faute de la commission, qui ne les a pas suffisamment désignés. Ainsi de Thibaud, par exemple. C'est peut-être Thibaut de Champagne!... Alors il fallait le dire, et surtout y mettre l'orthographe. Thibaud tout court n'a pas plus de sens que Pierre, Paul ou Jean. Et Leblanc? Il y a dans la biographie trente Leblanc aussi connus, je veux dire aussi inconnus les uns que les autres. Est-ce le numismate, l'homme d'État, le théologien, le voyageur, l'amiral, le chirurgien, l'historien, le peintre, etc., etc.? Personne ne le sait. La rue Leblanc ne dit rien de plus à l'esprit que si elle s'appelait rue Durand, ou rue Martin.

Pour d'autres voies, le nom donné par la commission, sans offrir la même obscurité, a l'inconvénient de laisser dans l'incertitude sur le personnage auquel il s'applique. Je trouve une rue Lesueur. Quel Lesueur? Est-ce le peintre ou le musicien? Une rue Mansart. Mais il y a deux Mansart, tous deux architectes, et tous deux à peu près aussi célèbres. Une rue Coustou. Fort bien, s'il n'y avait trois Coustou, qui se valent, ou peu s'en faut. Une rue Vernet. Comme les Coustou, les Vernet sont trois, et la gloire ou le talent de l'un ne l'emportent pas tellement sur ceux de l'autre, que l'on puisse deviner aussitôt duquel il est ici question. Sans doute, Horace est le plus connu de la génération actuelle, parce qu'il a vécu au milieu de nous ; mais en sera-t-il de même dans cinquante ans ? Peut-être a-t-on voulu les désigner tous trois : rien n'empêchait d'écrire *rue des Vernet*. J'en dis autant de la rue Dupin : il y a eu bien des Dupin ; il y en a encore deux, que leur amitié fraternelle pourra seule empêcher de se disputer le privilége d'avoir baptisé l'une des voies de Paris. Quant à la rue Chénier, il est probable sans doute que c'est le souvenir d'André qu'elle rappelle plutôt que celui de Marie-Joseph, le poëte tragique. Mais pourquoi ne pas le dire ? C'était l'affaire d'un simple prénom.

Je ne conçois pas cette horreur des prénoms affichée par la commission municipale. Vous n'en trouverez qu'un seul dans toute sa liste. Cette exception gracieuse a été faite en faveur de M. Victor Cousin, pour concentrer sans doute plus sûrement sur la tête du philosophe un honneur que des esprits malavisés eussent pu reporter au peintre et sculpteur Jean Cousin, — lequel, par parenthèse, eût bien mérité une place au soleil des rues de Paris, à côté de Jean Goujon. Mais si l'on n'a pas eu peur d'écrire : *Rue Victor-Cousin*, on ne voit pas pourquoi l'on craindrait d'écrire : *Rue Horace-Vernet* ou *André-Chénier*.

Je suis aussi fort perplexe pour la véritable origine du nom de la rue d'Albe. Il est peu probable qu'on ait voulu rappeler le souvenir du fameux duc qui fut le bras droit de Philippe II. La situation de cette voie me fait plutôt croire que son nom est une galanterie délicate à l'adresse d'une illustre famille moderne, en mémoire de l'hôtel, récemment détruit, qu'habitait un des membres de cette famille. Mon incertitude est plus grande pour la rue Erard. Quel est ce personnage? Les uns tiennent pour le facteur de pianos, les autres pour l'ingénieur, et, quoiqu'elle puisse sembler bizarre, cette dernière opinion ne manque pas de vraisemblance quand on a remarqué la part faite aux ingénieurs dans la nomenclature. Était-ce trop d'un simple prénom pour fixer les esprits à ce sujet?

Mais ce n'est pas seulement en oubliant de les caractériser, c'est aussi, — cas plus grave, — en les tronquant ou les défigurant, que la commission a rendu certains noms méconnaissables. Ainsi elle écrit *d'Arcet* et *Danville*, quand il faudrait, au contraire, *d'Anville* et *Darcet*. En disant *Héricart* pour *Héricart de Thury*, *Brochant* pour *Brochant de Villiers*, *Dombasle* pour *Mathieu de Dombasle*, elle se figure ne faire qu'une abréviation, et elle dénature un nom patronymique. Dans ce dernier cas, elle a cru sans doute que *Mathieu* n'était qu'un prénom : elle a eu tort. J'ai cherché longtemps ce que pouvait être ce d'Alleray, choisi pour parrain d'une rue et d'une place, et ce n'est pas sans peine que je suis parvenu à retrouver, sous ce tronçon informe, le magistrat Angran d'Alleray. Enfin en voulant perpétuer, dans le titre de la rue Rennequin, le souvenir de l'inventeur de la machine de Marly, la commission non-seulement a commis l'erreur banale qui a substitué le simple constructeur à l'inventeur véritable, mais elle a étrangement défiguré son nom. Il s'appelait, en effet, Rennequin Sualem, et Rennequin ne fait ici que l'office d'un prénom.

Que conclure de ces erreurs et de ces oublis? Rien, sinon que nous sommes tous faillibles, et que nous avons droit à l'indulgence de M. le préfet de la Seine s'il nous est arrivé à nous-même d'en commettre dans notre travail. Quant à la multitude de noms obscurs choisis par la commission, j'en tire la conséquence qu'elle a été guidée par la pensée philosophique et hautement nationale d'encourager les ambitions les plus modestes. Il est clair qu'aucun de nous ne doit désespérer de conquérir un honneur où Rébeval est arrivé, et qu'on peut se flatter, sans trop d'orgueil, de l'espoir d'obtenir quelque jour une place entre Thibaud et Ginoux, Biscornet et Christiani.

II

UN CHAPITRE DES RUINES DE PARIS MODERNE

Encore un peu de temps, et Paris deviendra un sujet d'études aussi obscur, aussi embrouillé, aussi enveloppé d'impénétrables ténèbres que Tyr et Babylone. Il n'a pas fallu à M. Flaubert plus d'imagination pour reconstruire Carthage, à M. Mariette et à M. Fiorelli plus de patience pour exhumer pierre à pierre Memphis et Pompéia, plus de science et de sagacité à Cuvier pour reconstituer le mastodonte à l'aide d'une seule dent du monstre, qu'il n'en faut aujourd'hui à qui veut retrouver le Paris de nos aïeux sous les ruines et les transformations innombrables qui l'ont bouleversé de fond en comble, et le faire revivre dans sa physionomie, dans ses mœurs, dans ses monuments et dans ses rues. On a si bien pris à tâche de trancher, sur tous les points à la fois, les liens de la tradition, et de rompre violemment jusqu'aux moindres anneaux de cette chaîne d'or qui rattachait le présent au passé, que l'histoire de Paris, pour peu seulement qu'on remonte à un siècle en arrière, ne se révèle qu'au prix des plus laborieux efforts, et qu'il faut extraire patiemment, à travers des monceaux de décombres, les lambeaux mutilés de ce tableau rétrospectif qui devrait, pour ainsi dire, éclater de lui-même au grand jour et s'afficher à chaque pas dans le Paris d'aujourd'hui. Les annales ecclésiastiques de la vieille cité ne sont pas moins difficiles à ressaisir, dans ces ténèbres qui s'épaississent chaque jour, que ses annales civiles et administratives, physiques et monumentales : peut-être même le sont-elles davantage encore, car elles ont été plus rarement et, en général, moins profondément explorées.

En relisant dernièrement l'*Histoire de la ville et de tout le diocèse de Paris,* publiée en 1754 par l'abbé Lebeuf, et dont un érudit vient de donner une nouvelle édition, laborieusement complétée[1], j'étais frappé de voir à quel point cet ouvrage a doublé d'intérêt et de prix par le redoublement de ruines que nous fait la transformation radicale de la *ville nomade*. On peut dire, en un certain sens, que plus les derniers travaux lui donnent un caractère archéologique et rétrospectif, plus il y gagne d'actualité.

Il n'y a guère qu'un siècle que le savant académicien écrivait, et cet intervalle a suffi pour changer complètement le caractère de son livre. La revue qu'il avait entreprise n'est plus guère maintenant qu'une revue des fantômes, comme celle de la ballade allemande, et son histoire s'est métamorphosée en nécrologe. Des églises, des couvents, des collèges qu'il décrit, non-seulement la plupart ont été détruits, mais souvent

[1] M. Cocheris, chez Durand.

même la trace en a disparu, et les éléments sur lesquels il appuie ses descriptions, les emplacements qu'il indique, les points de repère et de comparaison qu'il choisit, se sont modifiés ou évanouis comme les monuments, de telle sorte que l'obscurité s'accroît de toutes les précautions qu'il avait prises pour la dissiper. C'est un travail de le lire, et pour le bien comprendre, fût-ce avec le secours assidu du commentateur le plus compétent, il est bon de s'être préparé par des études préalables, et il est nécessaire d'avoir sous les yeux un plan de ce Paris du dix-huitième siècle, qu'on semble avoir voulu définitivement enterrer dans la fosse de l'ancien régime.

L'abbé Lebeuf avait trouvé intacts et debout à peu près tous les monuments fondés depuis l'origine de la monarchie. On considérait en ce temps-là les édifices du passé comme des témoins de l'histoire ; c'était un trésor acquis, que l'on respectait en cherchant à l'accroître. Nous avons changé tout cela : Paris moderne est un parvenu, qui ne veut dater que de lui, et qui rase les vieux palais et les vieilles églises pour se bâtir à la place de belles maisons blanches, avec des ornements en stuc et des statues en carton-pierre. Au dernier siècle, écrire les annales des monuments de Paris, c'était écrire les annales de Paris même, depuis son origine et à toutes ses époques ; ce sera bientôt, si M. Haussmann n'est enfin pris de remords, écrire tout simplement celles des vingt dernières années de notre existence.

Rien ne peut mieux faire mesurer l'étendue des ruines au prix desquelles la nouvelle capitale a payé sa splendeur géométrique, que la lecture des vieux historiens de Paris, naïf inventaire de tant de trésors admirables, gaspillés, jetés au vent par des héritiers prodigues, ou échangés contre tant de clinquant, de ruolz et de chrysocale. Et quand je dis l'édilité moderne, je n'entends point parler seulement de celle que nous subissons depuis une douzaine d'années ; celle-ci est la plus coupable, mais non la seule. D'ailleurs, le vandalisme destructeur de la Révolution avait précédé le vandalisme de restaurations et d'embellissements de MM. les ingénieurs et les préfets de la Seine. Dans le chapitre des démolitions, 1793 est la préface de 1865. Sur le seul point abordé par l'abbé Lebeuf, la liste de nos pertes atteindrait des proportions invraisemblables. Les deux tiers pour le moins des églises qu'il passe successivement en revue, dont plusieurs étaient des œuvres d'art, dont plus les humbles même se recommandaient par quelque point à l'attention de l'historien et de l'archéologue ; les trois quarts des couvents et des colléges, consacrés par tant de souvenirs, ont entièrement et définitivement disparu. Je ne puis songer à faire un relevé complet : rien que pour les deux volumes publiés jusqu'à présent dans la savante édition qui me sert de guide, il embrasserait une centaine de noms. Il me suffira d'aborder les premiers chapitres, afin de donner au lecteur une idée du reste.

L'abbé Lebeuf traite d'abord de Notre-Dame et

de ses dépendances. Notre-Dame vit toujours : on l'a même restaurée avec un respect pieux, sur lequel nous ne sommes pas blasés, et que nous apprécions d'autant mieux. Mais que sont devenues les succursales dont elle était flanquée de toutes parts, et qui faisaient à la basilique comme une couronne d'églises : sur le côté septentrional, Saint-Jean-le-Rond, où était son baptistère ; à quelques pas, en face, Saint-Christophe, un édicule gothique délicatement construit ; par derrière, Saint-Denis-du-Pas, qui remontait pour le moins au dixième siècle ? On sait ce que la populace parisienne a fait du palais archiépiscopal et de ses chapelles. La petite église de la Madeleine, célèbre par la haute et puissante confrérie où les rois de France tenaient à se faire inscrire en première ligne, qui avait pour abbé l'évêque de Paris et pour doyen laïque le premier président du parlement, a été détruite sous la Révolution, comme cette humble Madeleine de la Ville-l'Évêque, qui a eu pour héritier le fastueux temple grec du boulevard. Le nom de Saint-

Pierre aux-Bœufs n'est plus qu'un souvenir. Un autre édifice religieux de la Cité, la microscopique église de Sainte-Marine, subsiste encore aujourd'hui, métamorphosée en ateliers, dans l'impasse du même nom. Les Parisiens ne se doutent pas de la quantité de couvents et de chapelles, débris souvent précieux du grand art du moyen âge, qui ont été absorbés par des maisons particulières, et cachent leurs ogives déshonorées au fond d'un entrepôt de charbons ou d'une boutique d'épicier, sans parler des autres monuments, comme Saint-Julien-le-Pauvre, — rare échantillon de la plus pure architecture gothique, où siégeaient jadis les assemblées générales de la glorieuse Université de Paris, — qui se dérobent à tous les regards au fond de ruelles détournées et de cours abjectes, dont les portes ne s'ouvrent que deux ou trois heures par semaine.

Dans la juridiction de Saint-Germain-l'Auxerrois, ce monument vénérable qui n'a échappé aux démolisseurs que pour tomber sous la main plus terrible encore des restaurateurs, on aurait peine à retrouver la trace de la chapelle de Saint-Éloi, bâtie par les soins de la riche corporation des orfèvres, probablement sur les dessins de Philibert Delorme, et enrichie par le ciseau de Germain Pilon : de l'église collégiale de Sainte-Opportune, un spécimen de cette noble architecture des treizième et quatorzième siècles qui se fait aujourd'hui si rare ; de Saint-Landry, où était le beau mausolée de Girardon ; de l'église des Saints-Innocents, l'une des plus anciennes de Paris, contemporaine au moins de Philippe Auguste, déjà érigée en cure au douzième siècle, siége de la grande confrérie des *crieurs de corps et de vin*, si curieuse et si pittoresque avec sa haute tour et sa tourelle octogone à fanal, ses galeries, ses cellules construites pour servir d'asile aux recluses volontaires, son portail où l'on voyait sculptée en relief la légende des trois vifs et des trois morts, le fameux cimetière avec sa danse macabre, et ces *charniers* historiques où était installée une foire perpétuelle, et où les échoppes d'écrivains publics, de lingères, de marchands d'estampes, de marchandes de modes, masquaient les tombeaux et les épitaphes.

Saint-Thomas et Saint-Louis-du-Louvre, Saint-Honoré, Saint-Nicolas et cet illustre collége des Bons-Enfants, qui a légué son nom à une rue, et dont les pauvres écoliers parcouraient la ville en demandant leur pain à grands cris afin de pouvoir ensuite vaquer en repos à leurs études, n'ont pas été plus heureux. Qu'est devenu Saint-Jacques-de-l'Hôpital, avec son église et l'asile fondé en faveur des pauvres voyageurs par cette confrérie des pèlerins de Compostelle, dont la magnifique procession réjouissait tous les ans, au mois de juillet, les yeux des Parisiens émerveillés? Qu'est devenu Saint-Sauveur, ce Saint-Denis des vaillants farceurs de la rue et de l'hôtel de Bourgogne, qui gardait les tombes de Gaultier-Garguille, de Gros-Guillaume, de Turlupin, et de leurs successeurs Guillot-Gorju et Raymond Poisson? Où sont l'église des Filles-Dieu, la chapelle de la Jussienne, et l'antique hôpital de la Trinité, dont les confrères de la Passion avaient fait le berceau du Théâtre-Français?

> Mais où sont les neiges d'antan?

Ainsi, sur le seul territoire de Saint-Germain-l'Auxerrois, voici une quinzaine d'édifices religieux balayés de la surface du sol, et si bien balayés que, pour la plupart, ils n'ont pas laissé l'ombre d'un vestige, et que, souvent même, il serait fort difficile d'en indiquer l'emplacement exact. Les rues de Paris ont la même instabilité que ses monuments : on a tellement remué et remanié le sol, les moindres coins de sa superficie ont si fréquemment changé de destination, de nature et de nom, tantôt impasses et tantôt larges avenues, hier chargés de maisons à six étages, aujourd'hui traversés par des boulevards de trente mètres, qu'il devient impossible de rien discerner sous ce flot mobile et changeant. Et je n'ai pas tout dit, car il resterait à énumérer encore je ne sais combien de communautés et de monastères, tous avec leurs églises, tous avec leur histoire et leurs souvenirs.

N'oublions pas Saint-Gervais et ses démembrements, dont il ne reste pour ainsi dire plus un seul aujourd'hui ; l'église et le prieuré de Saint-Martin-des-Champs, occupés par le Conservatoire des arts et métiers, qui a établi sous les voûtes gothiques du sanctuaire un magasin de machines hydrauliques ; le Temple, monument historique par excellence, consacré successivement par le séjour de l'ordre religieux qui lui a donné son nom, des Hospitaliers et des chevaliers de Malte, par la captivité de Louis XVI et de la famille royale ; tour à tour lieu d'asile et de franchise, libre et profane académie où la muse familière de Chaulieu divertissait la cour du grand prieur de Vendôme, retraite religieuse où les prières des Augustines montaient jour et nuit vers le ciel comme une purification et une expiation. Tant de souvenirs n'ont pu sauver le Temple. Après 1848, ce n'était plus qu'une caserne ; depuis 1854, ce n'est plus rien, qu'un square banal, orné d'arbres étiques et d'une maigre cascade.

La Révolution a détruit Saint-Julien des Ménétriers, élevé par la dévotion des jongleurs, ces poëtes et ces musiciens nomades du bon vieux temps. Elle a renversé aussi Saint-Jacques-la-Boucherie, dont la tour, longtemps occupée par une fabrique de plomb de chasse, restaurée et isolée de nos jours, a eu l'heureuse chance d'échapper à l'artillerie des alignements braqués de toutes parts autour d'elle. Le boulevard de Sébastopol a absorbé jusqu'à l'emplacement de cette curieuse et riche église du Saint-Sépulcre, où se réunissaient en confrérie les pèlerins de Jérusalem; et, en jetant à bas le Prado, il a fait disparaître les dernières traces de la vieille église de Saint-Barthélemy, paroisse du Parlement.

Si le boulevard Sébastopol n'avait commis que ce méfait, nous lui pardonnerions aisément. Mais il en a commis bien d'autres, particulièrement sur la rive gauche, de concert avec le boulevard Saint-Germain et surtout la terrible rue des Écoles. Tous trois ont fait leur trouée au milieu d'un effroyable abatis de chapelles et de colléges historiques. Qu'il suffise de citer la magnifique tour de Saint-Jean-de-Latran, seule relique qui subsistât de l'église fondée à Paris par les chevaliers de Saint-Jean-de-Jérusalem ; les restes de l'église Saint-Benoît, qui était devenue un théâtre infime, après avoir été un entrepôt de farines et de grains ; le collége et la chapelle de Cluny, dont les débris charmants réjouissaient le cœur de l'antiquaire égaré dans les lointains parages de la rue des Grès ; ce qui demeurait encore debout de l'église des Mathurins, illustrée par le dévouement des frères de la Trinité ; tout ce qui rappelait le souvenir du collége du Trésorier, sur l'emplacement de la rue Neuve-Richelieu ; du collége de maître Gervais, rue du Foin ; des colléges de Bayeux, de Séez et de Narbonne, rue de la Harpe, et de dix autres non moins fameux dans l'histoire de cette vieille université qui fut la gloire de Paris et de la France. S'il fallait énumérer le reste des monuments disparus depuis deux tiers de siècle, toutes les ruines commencées par les précédentes administrations de la ville, achevées par le tremblement de terre des récentes démolitions, cet article se terminerait par un dénombrement aussi long que celui des vaisseaux grecs dans Homère. Est-il donc écrit que le présent ne puisse vivre que par la destruction du passé ?

Ce passé, du moins, ne le laissons pas mourir dans la mémoire oublieuse des Français de l'an 1865 et des Parisiens de M. Haussmann. Qu'il garde, à défaut d'une autre, sa place d'honneur dans l'histoire. C'est surtout par ce temps de démolitions effrénées et d'embellissements implacables que des livres comme celui de l'abbé Lebeuf, malgré leur sécheresse, offrent une utilité et un intérêt particuliers. Corrozet, Du Breul, Sauval, Germain Brice, Lemaire, Félibien et Lobineau, je voudrais que tous ces vieux annalistes de Paris fussent entre les mains de chaque membre de la commission municipale, et que ceux-ci les apprissent par cœur. En leur enseignant l'histoire de la ville prodigieuse qui, dès le treizième siècle, était la capitale du monde, il est à croire qu'ils leur en apprendraient le respect.

III

LES PRÉCURSEURS DE M. HAUSSMANN.

A entendre la plupart des panégyristes du système actuel, il semblerait que les embellissements de Paris ne datent que d'aujourd'hui, et que les régimes précédents n'avaient rien ou presque rien fait dans ce but. On est toujours porté à oublier le passé devant le présent. La vérité est, au contraire, que tous les souverains, sans aucune exception, depuis Henri IV jusqu'à Louis-Philippe inclusivement, se sont préoccupés sans cesse d'embellir, d'assainir, de transformer leur capitale, et, pour y arriver, ont entrepris des travaux innombrables, ouvert de nouvelles rues, élevé de nouveaux monuments, planté de nouveaux parcs ou de nouveaux jardins, déployé en un mot, une activité qui, sans être aussi excessive que celle dont nous sommes les victimes, était mieux entendue et mieux réglée. Je ne veux pas rappeler ici tous ces travaux : on les trouvera énumérés à leur rang dans n'importe quelle histoire de Paris, et, en consultant cette liste si bien fournie, on sera étonné de voir que, depuis plus de deux siècles et demi, il n'est, pour ainsi dire, pas un règne qui n'ait en réalité plus fait pour Paris que le régime actuel, parce qu'il a mieux fait, et qui surtout n'ait légué plus de monuments durables à la postérité.

Tout le monde applaudissait à ces travaux : on ne voit pas qu'il se soit élevé alors ce concert universel d'oppositions, de récriminations, de lamentations, dont M. Haussmann semble avoir accaparé le privilége pour lui seul. Est-ce une contradiction, et faut-il croire que nous sommes devenus plus frondeurs que sous Louis XV, Charles X et Louis-Philippe? Non : c'est tout simplement qu'on construisait autrefois des édifices comme le Palais-Royal, le Luxembourg, l'Hôtel des Invalides, la Porte Saint-Denis, le Palais Bourbon, Saint-Sulpice, l'École Militaire, la colonne Vendôme, l'Arc de Triomphe, la Madeleine, le Palais du quai d'Orsay, tandis qu'on construit maintenant la fontaine Saint-Michel, la tour et la mairie Saint-Germain-l'Auxerrois, le Palais de l'Industrie et le Tribunal de Commerce ; c'est surtout parce qu'on bâtissait alors sans détruire, ou en ne détruisant que le moins possible, tandis que de nos jours chaque voie nouvelle et chaque nouveau monument s'étayent sur un piédestal de ruines. Un seul détail servira de point de comparaison : de 1790 au premier septembre 1844, comme il résulte du *Dictionnaire des rues de Paris*, par M. Louis Lazare, on compte seulement trente-deux voies supprimées, et encore y a-t-il dans le nombre une douzaine d'impasses ou de ruelles infimes : c'est moins, en plus d'un demi-siècle, qu'on n'en supprime en un an aujourd'hui.

Mais mon but, je l'ai dit, n'est pas d'énumérer ici les travaux accomplis ou médités par les administrations précédentes. Je voudrais seulement présenter au lecteur, comme un commentaire naturel de ce livre, un certain nombre de projets enfantés par l'imagination féconde des utopistes pour l'embellissement et la transformation matérielle de Paris. M. Haussmann a eu une foule de prédécesseurs *platoniques*, dont les plans ingénieux ne lui auraient rien laissé à faire, s'ils avaient été en rapport avec un gouvernement digne de les comprendre, ou appelés à l'honneur de diriger les destinées de Paris. Un voyage très-abrégé à travers la curieuse galerie de ces fondateurs de Salente et de cités-modèles, dont les rêveries avaient devancé les réalités actuelles, ne sera peut-être pas dépourvu d'intérêt, et, sans diminuer en rien la gloire de M. Haussmann, qui assurément ne les connaît pas, il pourra lui fournir à lui-même une justification pour quelques-uns de ses travaux passés et des idées pour ses travaux futurs.

Le premier en date que nous rencontrons c'est ce Raoul Spifame qui publia vers 1560, ou un peu auparavant, un recueil d'*Arrêts royaux*, datés de 1556, où il émit toutes ses idées sur la réforme des lois, des institutions, des mœurs et usages, de la police, comme sur les embellissements et l'amélioration de Paris. Il a si bien réussi à donner à son recueil la forme et le caractère officiels, et, parmi bon nombre d'excentricités, sans préjudice de quelques extravagances, il a mêlé tant de vues excellentes et pleines de sens, il a rendu tant d'ordonnances dont le temps s'est chargé de démontrer la justesse, que plusieurs historiens ont été dupes de sa petite supercherie et ont fait honneur au roi Henri II des combinaisons politiques, administratives et sociales de maître Raoul Spifame.

Des trois cent neuf arrêts dont se compose le livre de Spifame [1], cinq ou six seulement ont

---

[1] *Dicæarchiæ Henrici regis christianissimi progymnasmata*, in-8.

directement rapport à la ville de Paris, et sur ce terrain son utopie se renferme dans les limites les plus modérées et les plus légitimes. Par les arrêts 291 et 292, il décrète l'établissement d'égouts, le pavement et l'élargissement des rues, le percement des impasses, enfin un système de travaux destinés à combattre « l'ordure et infection dont y viennent les pestilences et autres maladies incognues, » à procurer la sécurité au passant, à lui permettre d'échapper aux révoltes, aux séditions, aux attaques des voleurs, etc. Il veut que l'île Notre-Dame, réunie par un pont à l'île voisine, soit environnée de quais de pierre de taille, « y ayant plusieurs huisseries et poternes à dévaller à la rivière de toutes parts, pour du dedans des dicts quays par toute l'étendue de la dicte isle, en faire une place marchande à y descendre tout le bois, le vin, foin, paille, etc., sans plus en empescher le port de Grève, ni le port au Foing; » qu'on y bâtisse une succursale à l'Hôtel de Ville, « où sera le bureau et comptouer des dictes marchandises, » et à l'un des bouts une grosse tour qui servira tant à loger les munitions de guerre, la poudre « et autres choses périlleuses, » qu'à tenir en respect les ennemis en cas de siége et à protéger Paris. L'arrêt 509 et dernier ordonne que tous les métiers *puants*, malsains, bruyants soient renvoyés hors Paris et confinés dans la banlieue.

Après ce précurseur, que nous ne pouvions nous dispenser de mentionner, nous allons faire un saut de plusieurs siècles, pour arriver tout de suite à l'époque moderne, dont nous n'avions pas d'abord l'intention de sortir. Nous ne nous arrêterons même pas aux vastes projets de Henri IV, ni aux plans qui s'y rattachent et dont il reste des témoignages dignes d'attention. Est-il besoin de dire que nous n'avons nullement la prétention de faire une revue complète, qui demanderait un nouveau volume à elle seule? Parmi des centaines d'élucubrations inspirées de tout temps par le désir de transformer Paris, nous allons en choisir seulement comme types une douzaine des plus curieuses, des plus originales et des moins connues.

On sait tout ce que Louis XIV avait fait pour l'amélioration et l'embellissement de la ville. Le gouvernement de Louis XV fit beaucoup de choses aussi, et il en médita davantage, qui n'eurent pas de suites, et n'ont laissé de traces que sur le papier. Au long règne de madame de Pompadour se rattachent particulièrement un grand nombre de projets, qui ne visaient à rien moins qu'à renouveler la face de Paris. En première ligne venait, comme toujours, l'achèvement du Louvre; puis c'était le déblayement des quais, l'ouverture d'un certain nombre de jardins, la reconstruction de la Cité presque tout entière. Le frère de la favorite, M. de Marigny, surintendant des bâtiments, et le préfet de police, M. de Sartines, chacun dans sa sphère, secondaient ces travaux et favorisaient ces plans de tout leur pouvoir. Surexcités par des circonstances si propices, l'imagination des faiseurs de projets avait naturellement pris feu, et cent voix bruyantes se mirent à sonner la charge, à pousser en avant, à aiguillonner les lenteurs officielles.

Pendant douze à quinze ans, on vit paraître une foule de mémoires, d'estampes, de brochures, d'articles de journaux, de volumes, qui proposaient leur idée, bâtissaient leur système, apportaient leur rêve.

En 1748, après les succès de la guerre de Flandres et des Pays-Bas, paraissait dans *le Mercure* l'explication d'une nouvelle place monumentale, dite la Place de Mars, à établir au carrefour Buci, sur les plans de l'architecte Lagrené père : la place de Mars n'a jamais existé ailleurs que dans *le Mercure*. L'année suivante, le même journal publiait un mémoire sur l'achèvement du Louvre. En 1756, parut un ouvrage d'une portée plus vaste, et qui mérite une place à part dans cette exploration des limbes où s'élaborait théoriquement la ville de M. Haussmann. Je veux parler du *Projet des embellissements de la ville et faubourgs de Paris*, par Poncet de la

Grave[1]. L'auteur n'était alors qu'un avocat au Parlement, mais les fonctions publiques qu'il occupa un peu plus tard, et le soin qu'il prend de nous révéler, dans l'avertissement préliminaire, qu'il a publié son ouvrage pour complaire à des personnes *de la première considération, et élevées en dignité*, donnent pour ainsi dire à ses idées un caractère semi-officiel, comme on s'exprimerait aujourd'hui.

Poncet de la Grave n'y va pas de main morte, et son zèle s'étend sur toute la surface de Paris. Il commence ses embellissements par la création d'une vaste place, sur les débris du préau de la Foire Saint-Germain et des rues adjacentes, qu'il abat. Il entoure cette place carrée de quatre magnifiques hôtels, bâtis dans le même goût et sur le même niveau que la colonnade du Louvre, et dont il décrit en détail la riche ornementation. Derrière ces quatre hôtels, il trace une rue de

---

[1] Trois parties réunies en un seul volume in-12, imprimé avec une page blanche au verso de chaque feuillet pour recevoir les observations du lecteur.

vingt pas de largeur, qui fait le tour des quatre façades, puis il déroule sur tous les côtés une colonnade double, où alternent les marbres verts, rouges et blancs, dont les chapiteaux et les bases sont de bronze doré, et qui sera couronnée d'une terrasse à balustrade. Aux quatre angles de la colonnade il élève quatre portes, sur lesquelles on placera des groupes de statues de grandeur naturelle. L'entre-deux des colonnes, du côté des rues, sera fermé par une grille de fer doré de quatre pieds de haut, et, en dedans, rempli par un piédestal de marbre supportant les statues des grands hommes. Enfin, au milieu de la place surgira, du fond d'un grand bassin rempli d'eau, une montagne de bronze dominée par la statue équestre du roi, d'une main tenant les rênes de son cheval, de l'autre montrant avec son bâton de commandement les portes du Temple de Janus, figurées à sa droite, à côté de l'entrée, avec les écussons des villes ennemies suspendus aux branches de palmier et de laurier entrelacées qui la recouvrent; la statue de la France dans le bas, couchée sur un amas de drapeaux, de tambours, de canons, et les deux figures symboliques de la Paix et de la Concorde.

Poncet de la Grave demande ensuite qu'on aligne la rue d'Enfer, en élevant au bout de cette rue un arc de triomphe à trois grandes portes, surmonté d'un statue équestre ; qu'on achève le vieux Louvre, en abattant les maisons qui s'opposent à ce travail ; qu'on perce une large voie en face du grand vestibule qui donne sur la place du côté de la rue Froid-Manteau, et qu'on embellisse les Champs-Élysées par l'adjonction d'une cascade et d'un magnifique bassin. Chaque barrière doit être remplacée par un arc de triomphe à deux portes, et Paris clos tout entier par un boulevard, formé d'un mur sur lequel on conservera une espèce de terrasse, et qui sera coupé de tours carrées et rondes alternativement. Il règle même la construction des maisons, qui devront être élevées de quatre étages, non compris les mansardes ; terminées par une balustrade de pierre et ornées de balcons à toutes les fenêtres. Il propose pour les Tuileries et le Palais-Royal des embellissements que le lecteur aurait peine à comprendre aujourd'hui, à cause des nombreuses modifications apportées depuis lors à l'état des lieux ; suggère des réparations et des améliorations pour tous les ponts existants, et en indique de nouveaux à bâtir sur divers points. Le Palais de Justice, les quais, les places, les fontaines, etc., sont ensuite l'objet d'observations et de propositions analogues, et il pousse la sollicitude jusqu'à indiquer l'emplacement de quatre casernes qui lui paraissent indispensables pour loger les troupes employées à la sûreté de Paris, vœu modeste et qui a été bien dépassé par la réalité.

Dans la deuxième partie de son ouvrage, Poncet de la Grave revient sur plusieurs de ses projets pour les agrandir et les compléter. Ainsi il demande qu'on abatte tout ce qui borne la vue des Tuileries jusqu'à la rue Saint-Nicaise et dans l'étendue entière de la perspective; qu'on forme alors une magnifique place, avec une grille percée de trois portes de marbre blanc qui seront ornées de statues. Pour dégager la colonnade du Louvre, qui venait d'être finie et réparée par les soins du marquis de Marigny, il propose de renverser toutes les maisons et tous les édifices qui se trouvent dans l'alignement, jusqu'au quai de l'École, en découvrant le frontispice de Saint-Germain-l'Auxerrois, et en traçant une place bordée de façades uniformes et décorée de deux fontaines ; puis de percer une large rue neuve dans la direction de la principale entrée. Poncet de la Grave, comme on voit, est très-prodigue de places, de statues et de fontaines, et pour subvenir aux frais de tous ces plans, qu'on n'accusera pas de mesquinerie, il dispose d'une caisse des embellissements qui répond à toutes les objections, mais en oubliant de nous dire à quelle source elle doit s'alimenter.

Le projet le plus original de cette deuxième partie est celui du Palais des Savants, destiné à recevoir, en une longue et grandiose perspective, les statues de ceux qui se sont distingués dans les diverses branches des sciences humaines, et, au-dessus, les bustes de tous les grands hommes de France. L'entrée principale doit être précédée d'un perron monumental, et d'un rang de colonnes, avec les statues des premiers écrivains du monde entier; sur la cimaise de la porte, formée par l'inévitable arc de triomphe, qu'orneront tous les attributs des beaux-arts, s'élèvera la statue de Louis XV, que Poncet de la Grave fourre partout.

L'auteur s'applique ensuite à dégager, à déblayer le pont Neuf et la place Dauphine, le palais des Thermes, les quais et les rues, en entrant dans de minutieux détails; il énumère pour les théâtres Français et Italien des améliorations parmi lesquelles je signalerai simplement, bien qu'elle sorte du cadre de cet appendice, la suppression des lustres, qui a été réalisée dans nos nouvelles salles. Revenant à l'Hôtel de Ville, il voudrait que, sans le changer de place, on en construisît un autre dont la façade donnerait sur la Seine ;

dans la direction du parvis Notre-Dame, on construirait un superbe portail à l'Hôtel-Dieu. Pour tirer parti de ce beau point de vue, il ne s'agirait plus que de jeter sur la rivière, vis-à-vis la façade du nouvel Hôtel de Ville, un pont splendide, avec deux terre-pleins à droite et à gauche, comme celui du pont Neuf, destinés, l'un aux feux d'artifice, l'autre à recevoir un château d'eau, et, sur une plate-forme circulaire, les canons de la ville. Dans l'alignement du pont, on percerait une large rue, bordée d'une galerie de colonnes couplées, et des terrasses à balustrades sur le haut de toutes les maisons.

Le lecteur m'excusera sans peine de ne point suivre pas à pas la troisième partie comme j'ai fait pour les deux précédentes. Il y a là aussi pourtant plus d'un projet curieux ou grandiose, mais ce qui précède suffit pour donner le diapason de ce vaste plan, auquel manquent seulement les vues d'ensemble, et que l'auteur n'a pas coordonné d'après un système de principes fixes et généraux. Je me contenterai de signaler encore son plan d'une place de Louis XV au carrefour Buci, plan grandiose, entraînant à sa suite l'alignement et l'élargissement de toutes les rues adjacentes, de manière à ouvrir autour de la statue équestre du roi une série de magnifiques perspectives. Ce projet, que Poncet de la Grave reproduit tel qu'il lui a été envoyé (il ne dit pas par qui), rappelle celui de la place de Mars, que Lagrené avait proposé en 1748, et plusieurs autres, consacrés à la transformation du même lieu, et qu'il est étonnant qu'on n'ait pas encore repris aujourd'hui.

La même année, Croizet publiait son *Plan du centre de la Cité* (1756, in-8°), qui se rattachait au système général d'embellissements conçu par la favorite et son entourage. Trois ans plus tard, en 1759, la veuve de l'architecte et ingénieur R. Pitrou faisait paraître une série de onze planches, où son mari avait déroulé sous toutes ses faces son projet d'établissement dans la Cité d'une grande place circulaire décorée d'une statue du roi, s'arrondissant en avant d'un nouvel Hôtel de Ville, et desservie par un ensemble de larges rues neuves destinées à assainir et à déblayer le quartier[1].

Une foule d'autres témoignages contemporains, sur lesquels nous sommes obligés de courir rapidement, démontrent le mouvement d'idées que soulevait alors cette question de la transformation de la capitale. Ansquer, dans ses *Variétés philosophiques et littéraires* (1762), consacrait un chapitre curieux à *Paris tel qu'il est, et Paris tel qu'il sera*. Le savant Deparcieux donnait, en 1763, plusieurs mémoires sur le moyen d'amener à Paris les eaux de l'Yvette, et demandait l'établissement de fontaines publiques au coin de chaque rue. Les architectes Servandoni, Soufflot, Poyet, Patte et cinquante autres, soumettaient au public leurs projets et leurs plans. En 1767, Maille Dusaussoy, dans *le Citoyen désintéressé*, ou

[1] Je trouve aussi dans la *Bibliographie de la France*, de Girault de Saint-Fargeau, l'indication d'un *Mémoire* de Bouteville *pour l'embellissement de l'île du palais*, dont il ne donne pas la date.

diverses idées patriotiques, demandait l'agrandissement des halles et marchés, l'achèvement du Louvre et l'établissement d'une vaste place devant le péristyle du palais, en répétant l'architecture de ce péristyle, mais suivant la forme circulaire. Il voulait qu'on reconstruisît Saint-Germain l'Auxerrois sur le terrain de l'Hôtel des Monnaies, et celui-ci sur l'emplacement de l'Hôtel de Soissons. L'Hôtel de Ville devait être transféré dans le Louvre, et l'auteur n'avait garde d'oublier la statue monumentale du roi pour compléter la décoration. Il voulait également qu'on terminât les Tuileries, qu'on restaurât l'Hôtel-Dieu, et suggérait une foule d'autres améliorations partielles, dont plusieurs étaient très-raisonnables et ont été exécutées depuis. Ce qu'il y a de plus digne d'attention dans le livre de Maille Dusaussoy, c'est que, à côté des projets, il donne toujours les moyens d'exécution, et s'occupe d'établir les ressources financières à l'aide desquelles ils pourront s'accomplir. Il appuie à diverses reprises sur la nécessité de créer une commission et une caisse pour les embellissements de la ville.

Mercier a dispersé quelques idées sur ce sujet dans son *Tableau de Paris*, où il revient particulièrement, avec une certaine insistance, sur le projet de rendre la Seine navigable aux grands vaisseaux et de faire de Paris un port, par l'ouverture d'un canal qui communiquerait de la mer de Dieppe au faubourg Saint-Germain, et le creusement d'un bassin aux portes de la ville[1]. Ce projet, qui pouvait jadis paraître une utopie, est tombé aujourd'hui dans le domaine des gens

---

[1] Le projet d'amener les eaux de la mer à Paris, en prolongeant jusque-là un port construit à Cherbourg, fut présenté à Louis XVI, et vivement combattu par les architectes, qui le regardaient comme capable d'entraîner la ruine de la capitale par la filtration de l'eau salée à travers le terrain calcaire qui sert de base à Paris. Le comte de Las Cases, dans le tome IV du *Mémorial de Sainte-Hélène*, dit qu'il présenta à Napoléon, en 1812, un plan pour transformer le Champ de Mars en une naumachie qui eût servi d'ornement au Palais du roi de Rome, et qu'on aurait creusée suffisamment pour recevoir de petites corvettes destinées à l'instruction d'une école de marine installée à l'École militaire. Cette idée est revendiquée par Naudy Perronnet, qui, dans un ouvrage publié en 1825, et où il revient longuement là-dessus, prétend l'avoir proposée lui-même en 1812, avec cette seule différence qu'il établissait sa rade ou son bassin dans la plaine de Grenelle

pratiques, et il est probable qu'il ne se passera pas bien longtemps avant qu'il s'exécute. Mais c'est surtout dans l'*An 2440, rêve s'il en fut jamais* (1770), que Mercier a lâché la bride à son imagination. Ce qu'il réforme principalement, il est vrai, dans ce salmigondis philosophique et humanitaire où il est question de tout et d'autre chose encore, ce sont les mœurs et les lois, mais il ne se fait pas faute non plus de transformer matériellement la ville. Son rêve le conduit dans de grandes et belles rues proprement alignées, suivant l'idéal commun à tous les précurseurs de M. Haussmann. Il n'entend plus aucun de ces cris désordonnés et bizarres qui déchiraient autrefois son oreille. Il entre dans des carrefours spacieux, où règne un si bon ordre qu'on n'y aperçoit pas le plus léger embarras, et où il ne rencontre pas de voitures prêtes à l'écraser. La ville offre un air animé, sans trouble et sans confusion, et un goutteux pourrait s'y promener à l'aise. Par malheur, Mercier a oublié de nous dire comment on s'y est pris pour arriver à ce beau résultat.

Le Louvre est achevé, et l'espace qui règne entre le Louvre et les Tuileries est devenu une place immense où se célèbrent les fêtes publiques. Ces deux monuments réunis forment le plus magnifique palais de l'univers, et il a pour habitants tous les artistes distingués. Il voit « une superbe place de ville qui pouvait contenir la foule des citoyens. Un temple lui faisait face ; ce temple était celui de la Justice. L'architecture de ses murailles répondait à la dignité de son objet. » Une petite description n'eût pas été de trop pour servir de modèle à nos artistes. Le pont Neuf, devenu le pont Henri IV, est décoré, dans chacune de ses demi-lunes, de l'effigie des grands hommes qui n'ont voulu, comme le roi populaire, que le bien de la patrie. Les statues équestres des souverains qui ont succédé à Louis XV figurent au milieu de chaque pont, comme celle du bon Henri au milieu du pont Neuf. L'Hôtel de Ville s'étend en face du Louvre, et sur les débris de la Bastille, détruite de fond en comble, on a élevé un temple à la Clémence. L'Hôtel-Dieu, au lieu de concentrer un foyer d'infection sur un seul point au centre de la cité, est partagé en vingt maisons particulières aux extrémités du nouveau Paris.

Aux coins de toutes les rues, de belles fontaines font couler une eau pure. Les maisons, commodes et élégantes, sont surmontées de terrasses fleuries, que recouvrent des treilles parfumées, de sorte que les toits, tous d'égale hauteur, forment comme un vaste jardin, et que la ville, regardée du haut d'une tour, paraît couronnée de fleurs, de fruits et de verdure.

Arrêtons-nous sur cette riante vision : le reste n'est plus de notre ressort, et nous ne pourrions suivre Mercier dans sa description du *Temple de Dieu*[1] ; nous ne pourrions l'accompagner au *Monument de l'humanité*, ni dans ce théâtre régénéré où l'on joue sans aucun doute *la Brouette du vinaigrier*, quoique sa modestie l'ait empêché d'en rien dire, encore moins dans ces cérémonies fu-

---

[1] Le fameux Vriès, qui depuis devait acquérir une autre illustration sous le titre de *Docteur noir*, avait renouvelé dans des proportions grandioses, vers 1855, ce projet du *Temple de Dieu*, où il voulait opérer la fusion de tous les cultes.

nèbres où les cadavres des morts sont réduits en cendres par d'immenses fourneaux toujours allulumés, sans risquer de nous laisser entrainer trop loin en dehors de notre vrai cadre ! Nous n'en sortirons pas du moins, en recueillant dans le premier chapitre de l'*An 2440*, cette note devenue bien plus juste encore aujourd'hui, et que nous aurions pu choisir pour épigraphe à ce volume : « Tout le royaume est dans Paris. Le royaume ressemble à un enfant rachitique. Tous les sucs montent à la tête et la grossissent. Ces sortes d'enfants ont plus d'esprit que les autres, mais le reste du corps est diaphane et exténué. L'enfant spirituel ne vit pas longtemps. »

Le nom de Mercier appelle naturellement celui de Rétif de la Bretonne, et il serait facile de pêcher çà et là plus d'une idée relative au même sujet dans les œuvres fourmillantes de cet utopiste de la borne et du ruisseau. Géomètres et romanciers, architectes et poëtes, pas un qui n'essaye d'apporter sa pierre à l'édifice; pas un qui ne veuille réformer Paris, en même temps que les lois, la foi et les mœurs. Tous les philosophes et tous les rêveurs de ce dix-huitième siècle, dont l'activité inquiète et fiévreuse n'allait à rien moins qu'à reconstruire la société entière sur d'autres bases, se rencontrent en une rare unanimité sur ce terrain commun. On ne peut ouvrir un journal du temps, depuis le *Mercure* jusqu'aux *Lunes* du cousin Jacques, sans s'y heurter à des multitudes de projets, dont les plus sérieux ne sont pas toujours les moins bouffons, mais dont plusieurs n'avaient que le tort d'être prématurés. En 1776, à la date du 10 novembre, je trouve le plan de la rue de Rivoli tracé très-nettement dans les *Mémoires secrets*. En 1780 (28 octobre), c'est la *Correspondance secrète* qui traite la question des embellissements du faubourg Saint-Germain, et parle de la prochaine prolongation de la rue de Tournon jusqu'à la rue de Seine, en abattant un pavillon du collége des Quatre-Nations (aujourd'hui l'Institut), pour créer une perspective superbe du Luxembourg aux Tuileries. Il n'est, d'ailleurs, pas un seul projet où l'on ne réclame à grands cris cette démolition des pavillons du palais Mazarin, capables de gâter un des plus beaux quais de Paris, d'entraver la circulation et de boucher un magnifique point de vue. Il faut convenir, en effet, que des raisons moins graves ont suffi pour condamner à mort bien d'autres monuments plus utiles et plus respectables, et l'on ne comprend pas trop quelle est la vertu secrète qui a sauvé ces pavillons au milieu de tant de ruines.

Dans ce chaos infini, dans cette course au clocher de plans audacieux ou timides, plaisants ou sérieux, qui vont de l'alignement d'une rue ou de la création d'une place à la transformation radicale de la ville entière, on dirait que chaque candidat a présenté à la mémoire cette parole que Voltaire écrivait en 1749, et qui semble avoir servi de stimulant à tous les réformateurs, comme elle a servi d'apologie aux derniers travaux de M. Haussmann : « On peut, en moins de dix ans, faire de Paris la merveille du monde... Il est temps que ceux qui sont à la tête de la plus opulente capitale de l'Europe la rendent la plus commode et la plus magnifique. Fasse le ciel qu'il se trouve quelque homme assez zélé pour embrasser de tels projets, d'une âme assez ferme pour les suivre, d'un esprit assez éclairé pour les rédiger, et qu'il soit assez accrédité pour les faire réussir! »

Voltaire eût-il prononcé son *Eurêka* devant M. Haussmann? Peut-être! Mais j'avoue que je n'en serais pas plus convaincu pour cela, tant je suis difficile à convaincre.

Il n'est pas jusqu'au prince de Ligne qui n'ait conçu lui aussi sa petite utopie pour la transformation de la grande ville. On a recueilli, dans le tome II de ses *Œuvres choisies*, un court *Mémoire sur Paris*, écrit vers 1780, ou quelque peu auparavant, qui n'est pas le moins curieux de tous ces vastes projets. Nous allons détacher les passages les plus piquants de ce Mémoire, où le spirituel et frivole Français de Bruxelles indique en quelques pages, écrites malheureusement d'un style un peu trop international, plus de transformations que beaucoup d'autres en plusieurs volu-

-mes, et bouleverse tout Paris de fond en comble sans avoir l'air d'y toucher.

« On fera une place depuis les Tuileries jusqu'au vieux Louvre : cela est tout simple ; on doit s'attendre à cela [1] ! Tout ce Carrousel, ces baraques, cette rue Saint-Nicaise, déshonorent Paris par l'indigne petit moyen de faire argent de tout. La grande économie est de n'en pas avoir... [2]. Des extrémités du pavillon de la Comédie française des Tuileries, on tirera une ligne de bâtiments qui fermera cette place et joindra le vieux Louvre. La décoration sera dans le genre des deux autres, sans y ressembler tout à fait. Un toit à l'italienne ; vis-à-vis, des guichets, de magnifiques arcs de triomphe ; au milieu de la place, une fontaine superbe par ses effets d'eau, sa grandeur et sa dignité.

---

[1] C'est fait.
[2] Plus loin, le prince de Ligne s'indigne encore contre ceux qui pourraient s'opposer à ses projets en prononçant ce *vil mot d'argent*. On voit qu'il avait les grandes traditions. Napoléon 1er disait de Corneille : « S'il avait vécu de mon temps, je l'aurais fait prince ; » M. Haussmann pourrait dire du prince de Ligne : « Je l'aurais fait membre de ma commission municipale. »

« Depuis longtemps, l'air de ruine du vieux Louvre, le jardin de madame Infante, apportent la tristesse sur un quai où l'on ne doit voir régner que l'ordre et la magnificence. Après l'avoir rendu soigné, décoré, et l'avoir débarrassé de tout ce qui le défigure, on bâtira, depuis le vieux Louvre jusqu'au pont Neuf, une galerie ouverte par en bas, de même ordre que la colonnade qu'on admire avec tant de raison.... On rasera toutes les maisons qui sont à présent entre la rue de la Monnaie et le vieux Louvre, et, pour faire les superbes portiques sous lesquels on puisse se promener jusque-là, toutes les maisons qui bordent le quai[1]. De cette place, l'une des plus belles du monde, au milieu de laquelle il y aura, comme à l'autre, une fontaine immense, on pourrra découvrir la rivière, sous cette galerie qui sera la première galerie du monde.

« Il faut bâtir la place de Louis XV, du côté du quai et des Champs-Élysées, de même que

[1] Avis à M. le préfet de la Seine : il rougira de n'y avoir pas encore pensé.

les deux bâtiments qui sont à droite et à gauche de la rue Royale... Il y a déjà assez de vide par le jardin, et il est nécessaire de renfermer la rivière jusque vis-à-vis de l'École militaire, où je veux que Paris finisse [1]. Il faudra bâtir tout le Cours-la-Reine. On y fera des écuries pour le roi, décorées avec tous les attributs et la magnificence possibles... Ce bâtiment immense fermera les Champs-Élysées du côté de la rivière, comme la rue Saint-Honoré fait de l'autre côté. Une grande grille depuis l'École militaire jusqu'à la Seine, une depuis la Seine jusqu'à ces écuries, et une autre derrière, de toute la largeur des Champs-Élysées jusqu'au faubourg Saint-Honoré, détermineront Paris du côté de Versailles et du bois de Boulogne, et iront joindre en angle droit une autre ligne qui enfermera les augmentations vers Monceaux et celles de la Chaussée-d'Antin jusqu'à la rue Charonne. Ces deux lignes tirées, bordées de huit rangées d'arbres, seront un autre

[1] Paris a marché depuis, sans tenir aucun compte de la volonté du prince de Ligne.

boulevard dont il ne sera plus permis de sortir pour bâtir, puisqu'il faut finir une fois [1] et que, ne sachant pas se borner, on commence tout et l'on n'achève rien...

« On embellira les rues qui en sont susceptibles : celle de Tournon, par exemple, le serait aisément par des façades uniformes et des toits à l'italienne. C'est ce que je recommande beaucoup pour les nouveaux bâtiments à faire. La bourgeoisie de la tuile et de l'ardoise dégrade tout. Que de même les clochers soient défendus, si l'on s'avise de rebâtir des églises [2].... Les obélisques, les thermes, les pyramides, les colonnes placées partout où il s'est passé quelque grand événement, le consacreront pour jamais à la mémoire... De même dans les Champs-Élysées, qui, sans cela, ne méritent pas d'en porter le nom, je veux voir le buste ou la statue équestre des héros à qui la France doit ses victoires.... Il pourrait y avoir

[1] Pour le coup, ce n'est pas cette phrase-là qui eût fait entrer le prince de Ligne au conseil municipal.
[2] On s'est avisé d'en bâtir quelques-unes : il est vrai que, depuis que l'auteur écrivait ceci, on en avait abattu beaucoup.

des bosquets dédiés à des actions moins éclatantes, mais plus héroïques que des batailles.

« Je viens d'édifier pour le cœur, édifions pour l'esprit. Dans la cour immense, renfermée entre les fastueuses colonnades du Louvre, seront renfermés toutes les académies et les bustes de ceux qui ont fait le plus d'honneur et de plaisir… Les bâtiments publics qu'on peut faire pour l'ordre, le secours et la félicité publique, orneront, par une façade simple, noble et sage, le quai de l'autre côté, partout où l'on voit aujourd'hui de vilains chantiers, des casernes, des dépôts, des manufactures, tout ce qu'on voudra.

« Je deviens un Chamouzet[1], sans m'en douter. Mais pourrait-on me dire pourquoi, dans les pays où il n'y a point de rivière, on voit arriver des navires à trois mâts déposer les richesses du nouveau monde à la porte des commerçants, dans le temps qu'on ne connaît sur la Seine que

[1] Chamoussel, philanthrope (1717-1773), qui a beaucoup fait pour l'amélioration des hôpitaux, des établissements de bienfaisance, et de l'assistance publique, ce qui est la meilleure manière de réformer Paris.

la galiote de Saint-Cloud et le bac des Invalides? Les eaux en sont bien basses dans certains temps de l'année, mais on pourrait la rendre plus profonde en certains endroits. Le cours de la Seine jusqu'à la mer n'est pas assez long pour qu'on ne puisse le soigner.... Quel plaisir de voir passer les drapeaux de Neptune et de Pluton devant les vieux et les jeunes drapeaux de Mars; car le Gros-Caillou, rebâti en entier par de riches négociants, deviendrait une petite ville tout entière au commerce, et la continuation d'un port qui commencerait au pont Royal. C'est là qu'on emploierait une belle sévérité d'architecture, et que l'on élèverait au milieu un superbe bâtiment en arcades, pour la Bourse.

« Je vois l'air obscurci ou plutôt éclairé par des pavillons d'or et d'azur; je vois déjà flotter au gré des vents, au milieu de Paris, les banderoles de toutes les couleurs et de toutes les nations; je vois, etc. » Supprimons le reste de cette description enthousiaste, de peur que le lecteur ne s'écrie comme l'Intimé :

Quand aura-t-il tout vu ?

« Partout, dans Paris, où l'œil sera choqué de l'âpreté des pierres qui en rendent quelques parties semblables à des carrières, des plantations et des tapis de verdure égayeront et adouciront le tableau, quand cela ne sera pas contraire à la dignité [1]. Il faut plaire quelquefois et ne pas toujours étonner; il faut que l'admiration se repose pour qu'elle soit plus vive lorsqu'on veut l'exciter. Du grand, du majestueux vers le centre de la capitale, on pourra passer au gracieux et descendre même au joli, vers les bords de cette immense cité.

« La rue Saint-Antoine est assez large pour qu'on s'occupe de sa décoration. Une grande place au lieu de celle de Saint-Michel : il n'y en a pas dans ce quartier. Une autre place dans le faubourg Saint-Germain, vers l'ancienne Comédie-Française : toutes en ordres différents d'ar-

---

[1] Voilà nos squares, avec leurs plantations et leurs pelouses, qui n'ont rien de « contraire à la dignité, » et où la nature garde un parfait *décorum*.

chitecture, et en évitant le même ton qui fatigue même en sa beauté... Partout des fontaines, — des cascades même, si cela est possible, dans quelques endroits : cela purifie, rafraîchit et vivifie tout... Que tout Paris ait l'air d'une fête : cela va si bien au caractère des Français ! »

Cette conclusion est charmante; mais, si M. Haussmann veut y arriver plus sûrement, il fera bien de lire, dans le même recueil du prince de Ligne, certain *Projet de ville agréable* où, pour entretenir les cœurs en paix et en joie, le prince explique que la ville devrait être peinte de couleurs tendres et riantes; que les hommes y porteraient des tuniques vertes, rouges, jaunes, violettes ou pourpres, avec une écharpe, de grandes culottes larges, une fraise, et un bonnet aussi haut, mais plus léger que les turbans; les femmes, des lévites avec ceintures, des souliers plats sans boucles, les cheveux en tresses, sur la tête une grande toque de mousseline, en ayant soin d'habiller les brunes en bleu, les blondes en rose tendre ou en blanc. Il ne faut pas s'arrêter à mi-chemin dans la voie des réformes.

En 1791, le marquis de Villette écrivait les lignes suivantes, que je trouve dans le recueil de ses Lettres choisies, et que Prudhomme a reproduites dans le premier volume de son *Miroir de Paris* :

« Si l'on crée deux places d'édiles, j'en demande une pour moi. Je ne propose d'élever aucun édifice[1]. Pour faire de Paris une des plus belles villes du monde, il ne s'agit que d'abattre[2] : les chefs-d'œuvre sont faits[3] ; il ne s'agit que de les montrer.

« Je renverserai des masures, et les passants seront enchantés à la vue des beaux monuments dont ils ne se doutaient pas. Je renverse la porte Saint-Martin, et je laisse la place nette[4]. Je renverse une demi-douzaine de maisons autour de la porte

---

[1] M. Haussmann, hélas! n'a pas été si sage.

[2] Rien que cela. Le plan actuel est plus complet : « Il ne s'agit que d'abattre tout Paris, et de le reconstruire. »

[3] Ceux de M. Haussmann ne l'étaient pas encore.

[4] Le conseil est un peu radical, il faut l'avouer, et il effrayerait des gens timides ; mais M. le préfet de la Seine est homme à le comprendre.

Saint-Denis, pour rendre hommage à cet arc de triomphe digne de l'ancienne Rome[1].

« Cent ouvriers, sous mes fenêtres, élèvent un parapet qui certainement n'avait besoin d'aucune réparation ; et voilà que, me croyant logé sur les bords de la Seine, on m'escamote la rivière. Si l'on en usait comme à Londres, ce seraient des grilles de fer, qui n'exigent aucune réparation, et que la propreté anglaise a soin de peindre tous les ans ; mais, en laissant là toute comparaison qui nous rendrait aussi petits en fait d'utilité commune que la Tamise ravale notre port Saint-Nicolas, n'y avait-il pas aujourd'hui des travaux plus essentiels à entreprendre ? »

Ici Charles de Villette énumère rapidement une dizaine de ces travaux essentiels, qui sont tous faits aujourd'hui. Puis il continue :

« En réformant les choses, il faut aussi chan-

---

[1] Il y a là une idée ; mais démolir une demi-douzaine de maisons, c'est bien mesquin : le jour où nous nous en mêlerons, nous ferons mieux les choses.

ger les noms. Nous n'avons plus ni Jacobins, ni Théatins, ni grands ni petits Augustins, ni toute cette nomenclature bizarre dont la raison et le bon goût s'offensaient à chaque pas [1].

« Les monastères seront convertis en hospices, en casernes, ou vendus, et des églises les unes seront érigées en paroisses, les autres seront supprimées [2]. Il faut donc les débaptiser dans la langue du peuple. Pourquoi ne donnerait-on pas à ces paroisses le nom des sections? C'est ainsi que les Jacobins, rue du Bac, seraient appelés paroisse de Grenelle. Cette dénomination paraît bien plus simple que le Pierre-aux-Bœufs ou Pierre-aux-Liens, Jacques-le-Majeur, Jacques-le-Mineur, Jacques-la-Boucherie, Jacques-l'Hôpital ou le Jacques-du-Haut-Pas [3].

« Vous feriez de la vaste église des Théatins

[1] Passage recommandé à l'honorable général Husson.
[2] On a vu, par la lecture de l'Appendice précédent, à quel point cette dernière partie du vœu de Ch. de Villette a été exaucée.
[3] Beaucoup plus simple, en effet; comme il serait plus simple aussi de débaptiser les anciennes rues pour leur donner de beaux noms modernes.

un superbe magasin de blé : les bateaux de farine ou de grains, qui remontent la rivière, débordent commodément devant la porte [1].

« Vous enlèveriez en même temps ces deux pavillons du collége Mazarin, qui donneraient tout à coup au plus beau quai de Paris une face nouvelle, et vous renonceriez bien vite à vendre, comme on vient de faire, les trois premières maisons du quai de Conti, qui dépassent l'alignement de la Monnaie.

« Je propose d'enlever la grille d'or qui étincelle dans les boues, et qui écrase de son luxe tout ce qui l'environne devant le temple de la Justice. Une porte simple, d'un style sévère, conviendrait mieux. J'aimerais à voir cette grille fastueuse étalée au milieu du Carrousel. On renverserait sans pitié les cahutes infâmes qui nous cachent le plus beau des palais [2].

[1] Cette raison était concluante : aussi l'église des Théatins devint-elle un magasin de blé, et Ch. de Villette vécut assez pour voir ce beau triomphe de l'utilité publique ; puis on en fit une salle de spectacle, puis un café ; après quoi il ne resta plus qu'à la renverser.

[2] C'est fait.

APPENDICE.

« Je demande encore la permission de dégager le pavillon de Flore [1], et de combler les fossés du Suisse, même sans égard pour sa buvette. Ce passage, aujourd'hui le plus fréquenté de Paris, où arrivent tant d'accidents dont je suis chaque jour témoin, ne serait plus un objet de terreur pour les vieillards, les enfants et les femmes. Je voudrais que l'on ouvrît toutes les arcades de la galerie, depuis le guichet neuf jusqu'à l'angle du pavillon...

« Les Capucines renversées feraient voir le boulevard [2]. Ces vastes monastères des Capucines et des Feuillants sont aujourd'hui du domaine de la nation : c'est là qu'il faut élever le temple de la Patrie, en face de la place Vendôme. Il se trouverait sur l'alignement des belles colonnades du Garde-Meuble; les Tuileries en seraient le jardin. Ce nouvel édifice nécessiterait le déblayement de la rue projetée, qui, en isolant tout à fait la demeure du prince, joindrait par

[1] On a fait mieux : on l'a démoli.
[2] C'est fait.

contiguïté le Carrousel à la place Louis XV.

« Cette terrasse des Feuillants, sombre et effrayante dès le déclin du jour, ne pourrait-elle pas être métamorphosée en une immense et superbe galerie couverte, où le commerce, en étalant ses richesses, animerait tout de son mouvement? L'illumination de ces arcades en ferait la promenade de tous les soirs, et ce serait un abri contre les averses [1]. Si l'on avait encore quelques millions à dépenser, assurément il vaudrait mieux les jeter là qu'à Fontainebleau, Compiègne ou Rambouillet...

« Je me transporte aux deux extrémités de Paris, et j'y place deux monuments nationaux : sur ces immenses débris de la Bastille, j'aimerais à voir un obélisque de marbre noir; et pour conserver, non pas le souvenir, mais l'horreur du despotisme, enchaîner à sa base les quatre figures de bronze de la place des Victoires. Ces beaux modèles ne seraient pas perdus pour les arts: ils figureraient à merveille non pas le Batave ou le

[1] Voilà encore une fois la rue de Rivoli.

Germain, mais la tyrannie et l'oppression, la douleur et le désespoir. Groupez à l'entour les emblèmes de l'autorité, de la toute-puissance, et vous aurez devant les yeux le tableau parlant de tous les vices de l'ancien régime [1].

« Je place l'autre monument à l'Étoile. Par contraste, j'asseois en idée une pyramide de marbre blanc au même endroit où Louis XVI avait élevé une colonne de feu. Autour de cette pyramide seraient, encore en marbre blanc, les figures symboliques de la Concorde, de l'Abondance, de la Justice et de la Paix. Le suprême pouvoir exécutif qui a jeté par les fenêtres *cent mille écus* pour éclairer passagèrement la solennité de son occupation [2], n'aurait-il pas un plaisir plus cher à son cœur d'employer la même somme à nous laisser un monument durable de sa bonne foi et de son amour pour la constitution?

[1] Admirable thème pour un nouveau discours de M. Duruy à l'Association polytechnique, ou pour un bas-relief au fronton d'une caserne! Les vieux partis ne s'en relèveraient pas.

[2] C'est l'auteur qui a souligné *cent mille écus*, tant il est épouvanté d'une prodigalité pareille. Il se serait formé, s'il eût vécu jusqu'à nos jours.

« Mais, avant d'embellir la capitale, il faut d'abord songer à garantir ses habitants des dangers qui les menacent du matin au soir.

« J'esquive à toutes jambes un cabriolet qui me poursuit. Je tourne le coin de la rue, et je reçois un timon précisément dans le bréchet. C'en est fait de moi, sans la boutique d'un marchand qui en laisse le passage libre au public, et que la Providence avait placé là pour mon salut.

« Si les rez-de-chaussée, si les boutiques des maisons qui forment les encoignures des rues étaient abandonnés aux gens de pied, comme il y en a déjà beaucoup, on ne saurait croire ce qu'il en résulterait d'utile, et combien de malheurs on préviendrait en même temps.

« En accordant ainsi, à chaque encoignure des carrefours, un espace en triangle de huit à dix pieds de côté seulement, on fournirait aux malheureux piétons le moyen d'échapper aux dangers presque inévitables de ces tournants.... Des bancs de pierre ou de bois y seraient d'un grand secours pour les infirmes, les femmes enceintes, les vieillards, et serviraient encore d'abri contre les averses, les orages, et d'asile la nuit pour les citoyens qui font la garde[1]. »

Je crois inutile de poursuivre plus loin cet exposé, qui montre que le marquis de Villette eût été digne de devenir le secrétaire de M. Haussmann.

Cependant, ce n'est là qu'un plan timide et mesquin, en regard de celui que nous allons maintenant transcrire, et qui a pour auteur Stanislas Mittié.

Stanislas Mittié a développé ses idées dans une brochure qui porte pour titre : *Projet d'embellissements et de monuments publics pour Paris* (in-8°, 1804). Il énumère ses vues colossales comme la chose la plus simple du monde, et c'est merveille de voir avec quelle magnifique et mythologique prodigalité il entasse à tous les points de Paris les statues, les fontaines et les colonnades.

---

[1] Voilà l'idée des refuges, dont il est question depuis quelque temps.

Il décore la place de la Concorde d'un grand bassin, en forme de coquille, attelé de chevaux marins et conduit par des Tritons, où l'on verra Neptune assis sur son char, et ayant à sa droite Mars, sur la tête duquel une Renommée posera la couronne de l'Immortalité, tandis qu'une troupe de Nymphes et de Sirènes, précédée par un Génie, portera les palmes du Triomphe. En avant du pont du Carrousel et de la rue qui conduit au temple de la Madeleine, il établit des piédestaux surmontés de taureaux, emblèmes de la force, pour faire pendant aux chevaux de marbre. Quant aux balustrades des trottoirs de la place, elles supporteront des statues en gaine, adossées à des barres de fer, sur lesquelles seront perchés des aigles, faucons, vautours, qui étendront un peu leurs ailes en tenant dans leurs becs les anneaux des lanternes.

Dans le jardin des Tuileries, indépendamment de nouveaux parterres et de nouvelles allées, de trois bassins à grands sujets mythologiques, d'un nombre infini de statues représentant toutes les métamorphoses de la Fable, de kiosques, de rotondes, etc., il construit sur les terrasses les temples de la Paix et de la Gloire, dont je regrette de ne pouvoir reproduire tout au long la description magnifique. Qu'il me suffise de faire savoir que, dans ce dernier, « l'intérieur sera en marbre blanc, les portes en bronze ciselé, les fenêtres en nappes d'eau transparentes, et les entre-croisées en colonnes hydrauliques, sur lesquelles descendront les eaux qui sembleront porter la galerie publique... Ces entre-colonnes hydrauliques seront ornées de candélabres de porcelaine de Sèvres, et de grottes jaillissantes, sur lesquelles on mettra les bustes de nos plus grands capitaines... La voûte en bas-relief sera parsemée de pierreries qui, taillées en pointe de diamant, étincelleront à la lumière. Dans les angles seront des divinités... Un parquet, mélangé de bois de citron, d'ébène et d'acajou, formera une table mécanique de trois cents couverts, divisée en trois parties.., dont la troisième composera le plateau, qui, aussi grand que le théâtre de l'Opéra, offrira diverses décorations en relief, comme villes, rivières, campagnes, forteresses, armées rangées en bataille ; une autre fois, le plateau sera remplacé par un bassin qui représentera la mer, sur lequel naviguera une flotille, etc. »

Dans les Champs-Élysées, Mittié établit quatre grottes à jour en forme d'arcades, du haut desquelles les principaux fleuves de France verseront leurs eaux à grand bruit dans des bassins. Sur les terrains vagues situés au-dessus de l'avenue de Matignon, il accumule d'élégants bocages, des berceaux mystérieux, des ruisseaux et des cascades, un labyrinthe offrant, à chacun de ses détours, les plus riantes imaginations de la Fable, et toutes sortes de petits édifices de fantaisie, tels que le temple de Jupiter, les bains et le boudoir de Vénus. Vers l'avenue des Veuves, il plante un bois d'arbres géants, dans le centre duquel s'élèvera le temple de Diane, « qui sera octogone, avec les emblèmes de la chasse, et entouré d'un balcon pour qu'on puisse voir de toutes parts lancer le cerf, et remarquer, à la fin des huit routes principales, les vestiges et les ruines de plusieurs constructions antiques de la Grèce et d'Herculanum. » Il y arrange ensuite un rocher, surmonté d'un fort, ou bien de la statue d'Apollon, ou d'un temple avec l'effigie d'Homère ; ce rocher, couvert de mousse, de ronces, de coquillages et de rocailles, tirera ses eaux de la pompe à feu pour les verser à cascades et à gros bouillons dans la rivière des Amazones. Au bord de celle-ci, un pavillon en forme de baldaquin, dont les colonnes sont portées par des Amazones que surmonte la statue d'Actéon, et où l'on voit dans le plafond Diane entourée de ses Nymphes, qui semblent en mouvement dans les airs, servira aux danses champêtres et aux concerts d'harmonie.

Sur la rive droite du fleuve, il étend la vallée de Gargarathie, avec des chaumières, des vergers, des troupeaux de bétail et des ruisseaux coulant doucement jusqu'au bout de la colline, « d'où ils se précipiteront avec fracas sur les roues d'un moulin dont le mécanisme mettra en mouvement les ateliers de Vulcain, où les Cyclopes forgeront des foudres au son d'une musique infernale et au bruit d'énormes marteaux » sous des voûtes flamboyantes. Dans un profond caveau, masqué par des mausolées, des rameaux, des cyprès, et où l'on descendra par des escaliers rustiques, éclairé par les faibles lueurs de lampes mortuaires, les prêtres et les prêtresses de l'Opéra célébreront, en guise de spectacle, toutes les cérémonies et tous les sacrifices du paganisme, « au son d'une musique déchirante, de voix sépulcrales et de timbres sinistres de la mort, qui porteront dans l'âme des impressions de terreur et d'effroi. »

Ouf! restons-en là. L'imagination mythologique du citoyen Mittié est impitoyable, et l'on voit bien qu'il vient de passer par le Directoire. Après ces échantillons de son système d'embellissements, il est pour le moins inutile de nous arrêter aux choses splendides qu'il sème sur la place Vendôme, sur l'emplacement des Capucines et des Feuillants, sur la place de la colonnade du Louvre, qu'il agrandit en démolissant Saint-Germain-l'Auxerrois, le cloître et les rues voisines, etc. Le citoyen Mittié était pourtant un financier habile, qui avait acquis quelque notoriété dans les affaires d'administration. Il a soin de nous apprendre que l'architecte du premier consul, Fontaine, et l'architecte du gouvernement, avaient fort admiré son plan, et il est certain en effet qu'il peut passer pour admirable en son genre.

Sans aller aussi loin que le trop ingénieux Mittié, on sait tout ce que Napoléon Ier fit pour la transformation de la ville. Aussi, par une conséquence naturelle, les projets les plus grandioses se remirent-ils à éclore de toutes parts. Après le règne de Louis XV, le règne de Napoléon Ier est celui où la verve des utopistes, d'ailleurs refoulée et tenue en respect sur la plupart des autres points, s'est donné la plus ample carrière au sujet de ces embellissements de Paris, que l'Académie française elle-même proposait pour sujet de concours aux poëtes en 1811 [1]. Parmi les

---

[1] C'est dans ce concours, où Victorin Fabre, Millevoye et Sou-

multitudes de brochures publiées sur ce sujet inépuisable, il faut d'abord distinguer celles de l'architecte Goulet, qui les a réunies et résumées, en 1808, dans son volume d'*Observations sur les embellissements de Paris*. C'est là qu'on pourra voir, entre autres choses, le plan du Temple des lois (on aimait beaucoup les temples alors), qu'il propose d'élever entre le Louvre et les Tuileries, et son projet pour compléter la décoration de la place de la Concorde, par l'adjonction aux quatre angles de quatre obélisques enrichis de statues, de bas-reliefs et d'inscriptions. Du reste, cet ouvrage est absolument impossible à analyser, par le nombre et la variété des points qu'il aborde. Puis Goulet est un homme pratique et positif, qui ne s'égare pas dans l'impossible, et la plupart de ses *observations* n'ont trait qu'à des

met remportèrent le prix et les accessits, que M. Viennet s'écriait avec un enthousiasme lyrique :

> A chaque pas m'arrête un prodige nouveau ;
> Tout fléchit sous l'équerre, obéit au cordeau.

Et on ne le couronna point !

réformes et à des améliorations de détail, ou tout au moins à des monuments décrétés, au sujet desquels il expose ses idées et ses vues.

Après lui, Caunet en 1809, et Raoul en 1811, célébrèrent les embellissements de Paris et exposèrent leurs systèmes dans deux brochures devenues aujourd'hui presque introuvables. L'année même de la chute de l'empire, en 1814, Amaury Duval, sous le titre du Nouvel-Élysée, traçait le plan d'un monument original à élever en l'honneur de Louis XVI et des plus illustres victimes de la Révolution. Enfin, pour nous borner là, Alexandre de Laborde, en 1816, publiait ses *Projets d'embellissements de Paris* (in-folio, avec 15 planches), qu'il avait conçus sous l'empire, pendant qu'il occupait la direction des ponts et chaussées du département de la Seine. Il y demandait particulièrement l'établissement de trottoirs dans toutes les rues, la création d'une vaste promenade nouvelle pour les voitures légères et les cavaliers dans la partie gauche des Champs-Élysées, depuis la place de la Concorde jusqu'à l'allée des Veuves, y compris le Cours-la-Reine; enfin l'érection de trois fontaines monumentales servies avec le même volume d'eau du canal de l'Ourcq réparti sur trois hauteurs différentes : la première sur le boulevard Bonne-Nouvelle, vis-à-vis la rue Hauteville; la seconde sur une place semi-circulaire créée au boulevard Montmartre, en face du prolongement de la rue Vivienne, de manière à former point de vue dès le Palais-Royal, et la troisième au milieu du Palais-Royal même. Il donne les dessins de ces trois châteaux d'eau, dont le second est d'une majesté, le dernier d'une grâce et d'une élégance très-remarquables. Quant à la place Royale, il voudrait qu'on la décorât d'une fontaine arabe, en marbre bleu des Pyrénées, imitation de la piscine de la cour des Lions, à l'Alhambra de Grenade.

Il n'y a rien là de bien étonnant, non plus que dans le *Précis historique des agrandissements et embellissements de Paris,... avec l'indication des travaux qu'il conviendrait de faire,* publié en 1827 par un anonyme. Heureusement, nous allons remonter, avec Amédée Tissot, jusqu'à la hauteur de Stanislas Mittié, pour le moins.

M. Amédée Tissot écrivait sous la Restauration. C'était un esprit fécond, original et hardi, qui a exercé sur tous les sujets son imagination inépuisable. La peine de mort, le jury, la télégraphie, le journalisme, les chambres, la littérature, la poésie, les arts, la police et la politique, ont tour à tour ou en même temps attiré ses méditations, et il a semé dans toutes les voies des aperçus où, au milieu de bon nombre de témérités et d'extravagances, les idées ingénieuses ne manquent pas. Il a inventé le polydrame, les vers de quatorze syllabes, la *Société des gouvernements légitimes*, réglée par des congrès périodiques, le *Système de contre-harmonie universelle*, et beaucoup d'autres choses qu'il serait trop long d'exhumer de toutes ses brochures.

On ne s'étonnera plus maintenant qu'Amédée Tissot, ou de Tissot, comme il signe, ait également inventé une nouvelle manière de construire les maisons et les villes. C'est dans son volume de *Paris et Londres comparés* (1850), que nous avons trouvé l'exposé de ce système, applicable surtout à Paris dans la pensée de l'auteur, et où M. Haussmann pourra certainement puiser plus d'une inspiration. On y verra aussi qu'en poussant les conséquences du système actuel à leurs limites extrêmes, mais logiques, dans la seconde partie de ce livre (*Paris futur*), je n'ai rien exagéré, et que je me trouve dépassé encore, sur plus d'un point, par quelques-uns de ceux qui ont rêvé, avec une bonne foi et une gravité parfaites, la transformation de la grande ville.

« Qu'on se figure des rues plus larges que nos boulevards. La partie centrale, de vingt-quatre à trente pieds de largeur, est creusée à la profondeur de douze à quinze pieds. Cette rue basse est destinée aux voitures, aux chevaux, au transport des fardeaux, etc. De chaque côté de cette rue basse sont les portes inférieures des maisons, les magasins de bois, de charbon, les remises, etc. Quant aux chevaux, on les éloigne des habitations, comme on le fait à Londres, pour s'épargner le bruit et l'odeur désagréable et dangereuse qui résulte du voisinage des écuries.

« De chaque côté de la rue basse est une balustrade à hauteur d'appui, et là, depuis le trottoir découvert, qui a douze à quinze pieds de largeur et qui doit être planté d'arbres, on voit sans danger se croiser les rapides voitures à vapeur[1], les omnibus, les dames blanches et les équipages des princes, des nobles et des parvenus.

« Entre les maisons et ce trottoir, il existe, à son niveau, une galerie vitrée de quinze à vingt pieds de largeur, dans le genre de celle du Palais-Royal, mais mieux ornée. Des tuyaux de chaleur, des poêles placés de distance en distance tempèrent, en hiver, la rigueur du froid.

[1] Dans les premières pages de son volume, M. Amédée Tissot recommande l'usage des voitures à vapeur, ne fût-ce que pour éviter les miasmes insalubres qui résultent pour les rues des grandes villes de l'emploi des chevaux. Il voudrait aussi qu'il fût défendu de fumer dans les rues, places, jardins et passages. Décidément M. Tissot n'aime point les mauvaises odeurs.

« Des conduits de fraîcheur amènent, en été, l'air frais des passages souterrains et des jardins dans cette galerie, où des toiles teintes interceptent, quand on le veut, les rayons trop ardents du soleil.

« On se servira de préférence de portes à coulisses, qui ne causent aucun bruit, et tiennent moins de place que les portes battantes.

« Les maisons, qui n'ont pas moins de quatre ;es au-dessus du sol, sont couvertes par des terrains ornés d'arbustes, de fleurs et de statues, et offrent en toute saison un abri pour prendre de l'exercice et respirer un air pur.

« On n'emploie que la pierre, les métaux, la brique et des matériaux incombustibles pour la construction de ces maisons[1]. On pourra avoir, pour monter et descendre, des machines mues par la vapeur ou par des moyens mécaniques. Tous les appartements d'une maison, eût-elle soixante locataires, seront chauffés simultané-

---

[1] Une centaine de pages plus haut, l'auteur avait préconisé l'emploi du fer au lieu de bois dans tous les bâtiments pour les dérober au péril d'incendie.

ment par des calorifères, à un degré réglé par le thermomètre. Les escaliers et vestibules seront aussi chauffés de cette manière [1].

« Il y aura devant chaque maison un pont pour traverser la rue basse.

« Les galeries couvertes continueront leur cours, après s'être croisées, par-dessus la rue basse, au moyen de ponts en chaînes, en fils de fer ou autres.

« Il conviendra de varier la forme des maisons et d'employer, suivant les quartiers, différents ordres d'architecture [2], et même ceux qui, tels que l'architecture gothique, turque, chinoise, égyptienne, birmane, etc., ne sont point classiques [3].

« Les fontaines, les obélisques, les pyramides,

---

[1] C'est un commencement de phalanstère : nous nous y acheminons.

[2] A la bonne heure ! Mais ce qui gâte l'idée, c'est que l'auteur veut réglementer la variété elle-même « suivant les quartiers. » Ce bon conseil n'en a que plus de chance d'être suivi aujourd'hui.

[3] Nos architectes sont classiques, très-classiques, mais cela ne les empêche pas d'employer l'architecture turque, chinoise et birmane.

les salles de spectacle, de concert, de bal, les casinos, les temples pour les différentes religions, les musées, seront toujours assez éloignés des autres constructions pour produire le plus bel effet possible.

« Les loyers de la ville centrale seront nécessairement chers, mais il faut considérer quelles économies feront ceux qui l'habiteront.

« On peut estimer que chaque individu, n'ayant pas équipage, économisera par année deux cents francs, qu'il aurait dépensés de plus en habillements, chaussures, voitures, etc., s'il avait vécu dans une ville comme Paris, où les cochers de fiacre semblent avoir fait avec l'ancienne police un pacte pour la conservation de la boue. Ce serait donc environ six cents francs par an d'économie par ménage. C'est au propriétaire de la maison qu'on payerait cet excédant, pour se trouver assuré matériellement contre l'incendie, contre le chaud et le froid, contre les voitures et les chevaux, contre la boue et la poussière; et généralement contre l'insalubrité, les maladies et les cruels accidents qui résultent de l'imperfection des villes actuelles.

« Si l'on observe combien ma nouvelle manière de construire les villes y diminuera la mortalité, il faudra ajouter aux considérations qui précèdent l'avantage de vivre, pour les uns, et celui de vivre plus longtemps et mieux portant, pour les autres. »

Ce plan est assurément fort ingénieux, mais Cyrano de Bergerac en avait exposé un plus ingénieux encore dans son *Histoire comique de la lune*. Il raconte que les indigènes de cet astre habitent des villes mobiles ou des villes sédentaires. Dans les premières, les maisons, construites d'un bois fort léger, reposent sur quatre roues, et peuvent se déplacer sans peine à l'aide de voiles qu'on déploie au devant de ces vaisseaux terrestres, ou plutôt lunaires. Dans les secondes, au moyen d'un mécanisme commode, on les fait au besoin rentrer sous le sol pour éviter les intempéries des mauvais jours. Ces maisons qui se replient sur elles-mêmes comme des lorgnettes, qui s'enfoncent en terre comme des escargots dans leur coquille, me semblent particulièrement dignes des méditations de nos architectes, et je les crois appelées à jouer un grand rôle dans les villes de l'avenir.

Puisqu'on refait Paris à neuf, rien ne s'opposerait à ce qu'on appliquât le système d'Amédée Tissot. Mais ce prédécesseur de M. Haussmann sait s'adapter à toutes les situations, et, « en attendant la reconstruction successive de tout le vieux Paris, » il termine son volume par un *Projet d'embellissement et d'utilisation pour la place Louis XVI (de la Concorde) et les Champs-Élysées*, projet qui pourrait être d'une application immédiate. Il est à remarquer que ces deux points de Paris sont ceux qui ont fourni le thème le plus inépuisable à tous les faiseurs de plans : on l'a déjà vu, et on le verra encore [1].
Voici les points les plus saillants du projet de Tissot :

[1] Cf. aussi *Mémoire sur l'embellissement des Champs-Élysées*, par Eugène Bérès. 1856, in-4°.

Une double colonnade, allant de l'entrée des Champs-Élysées à la barrière de l'Étoile, en dessinant çà et là des places circulaires, servirait d'abri aux promeneurs contre le soleil, la pluie et toutes les intempéries des saisons ; la partie supérieure formerait une galerie, également destinée à la promenade, et où l'on disposerait des gradins aux jours de fête. De distance en distance s'élèveraient, supportées par des colonnes ou pilastres, des maisons de plaisance, construites dans les architectures les plus variées et suivant tous les genres de fantaisie, surmontées de terrasses avec des vases de fleurs, statues, kiosques et rotondes, entourées de fontaines et de jardins anglais. On pourrait, près de la Seine, construire une montagne artificielle, surmontée d'un belvédère, embellie par une cascade, des grottes, un chalet suisse, et où l'on placerait en outre un observatoire public.

A l'entrée des Champs-Élysées, en face des Tuileries, on élèverait deux édifices, en harmonie avec le Garde-Meuble, décorés de tableaux

monumentaux de vingt-cinq à trente pieds de
hauteur sur soixante à quatre-vingts de large,
soit en pierre de lave, soit en métal peint, soit
en relief. Ces deux édifices, dont les salles devraient pouvoir contenir cinq à six mille personnes, seraient le Casino de Paris : on y donnerait
concerts, bals, banquets, comédies, et on y ferait l'exposition des produits de l'industrie.

Il serait convenable de compléter la décoration
de la salle par deux colonnes monumentales,
torses et en partie dorées, d'une hauteur pour
le moins égale à celle de la colonne Vendôme,
mais d'une forme plus gracieuse, supportant
l'une la statue de la Religion, l'autre celle de la
Clémence. Dans le voisinage de la grande porte
des Tuileries, et de préférence dans le jardin, l'auteur voudrait voir établir deux vastes
rotondes vitrées, l'une contenant un magnifique escalier, l'autre une espèce de montagne
russe, afin de descendre dans une superbe galerie souterraine, soutenue par une double rangée
de colonnes massives, comme les temples que

les Indous creusent dans les montagnes. Cette galerie souterraine, ornée de bas-reliefs, revêtue de pierre de lave peinte, traverserait la place comme le tunnel de Londres traverse la Tamise, et conduirait aussi au Casino.

« Il y a longtemps, ajoute Amédée Tissot, que j'ai formé le projet d'un édifice d'un genre neuf, mais très-simple, et destiné aux concerts. Il s'agirait d'une sphère de quatre-vingts à cent pieds de diamètre, dont une moitié serait enfoncée dans la terre et l'autre s'élèverait au-dessus du sol, sans parler des parties accessoires qui conduiraient dans ce vaste globe, pourvu de loges et de gradins. L'orchestre serait placé dans la partie centrale la plus basse. Je crois que ce globe, tout resplendissant de l'éclat des lumières et réunissant une brillante société, offrirait un spectacle unique, et que la musique devrait y faire le plus bel effet. Il est certain que le conseil municipal refuserait d'avancer quatre-vingts à cent millions pour des constructions dans les

Champs-Élysées [1]. Mais si la ville accordait de grands avantages et une certaine somme pour couvrir les dépenses de pur embellissement à une société de capitalistes, ce projet serait peut-être réalisable. »

Nous allons de plus fort en plus fort, comme chez Nicolet. Il semble difficile de pouvoir dépasser Amédée Tissot : c'est ce qu'a fait pourtant M. Ch. Duveyrier. Lisez dans le tome VIII du *Livre des cent-et-un* (1834), l'article intitulé la *Ville nouvelle, ou le Paris des Saint-Simoniens*, et vous aurez assurément le *nec-plus-ultra* du genre. Rien n'est bouffon comme la gravité prodigieuse avec laquelle M. Duveyrier, qui ne faisait pas encore de vaudevilles, décrit en style d'Apocalypse la configuration qu'il veut donner au nouveau Paris. C'est « la forme humaine mâle, » conformément à celle de la société elle-même :

« Paris ! Paris ! s'écrie Dieu, — le Dieu des

---

[1] Le conseil municipal de 1830, oui, peut-être; mais celui de 1865, non, à coup sûr. Il a déjà voté mieux que cela.

Saint-Simoniens, — par la bouche de son interprète, les rois et les peuples ont obéi à mon éternelle volonté, quoiqu'ils l'ignorassent, lorsqu'ils se sont acheminés avec leurs palais et leurs maisons du sud au nord, vers la mer... Ils ont marché avec la lenteur des siècles, et ils se sont arrêtés en une place magnifique.

« C'est là que reposera la *tête* de ma ville d'apostolat, que je coucherai ainsi qu'un homme au bord de ton fleuve.

« Les palais de tes rois seront son *front*, et leurs parterres fleuris son *visage*. Je conserverai sa *barbe* de hauts marronniers, et la grille dorée qui l'environne comme un *collier*. Du sommet de cette tête je balayerai le vieux temple chrétien [1] usé et troué, et son cloître de maisons en guenilles ; et sur cette place nette je dresserai une *chevelure* d'arbres, qui retombera en *tresses* d'allées sur les deux *faces* des longues galeries, et je chargerai cette verte chevelure d'un *bandeau* sacré de palais blancs, retraite d'honneur et

[1] Saint-Germain-l'Auxerrois.

d'éclat, pour les invalides des établis et des chantiers.

« Des terrasses qui saillent sur la grande place, comme les *muscles* d'un *cou* vigoureux et d'une *gorge* forte, je ferai sortir les chants et les harmonies du colosse. Des troupes de musiciens et de chanteurs feront retentir chaque soir la sérénade en une seule voix.

« Je comblerai les fossés de cette place et j'en ferai une large *poitrine* qui s'étalera, bombée et découverte... Au dessus de la poitrine de ma ville, au foyer sympathique d'où divergent et où convergent toutes les passions, là où les douleurs et les joies vibrent, je bâtirai mon temple, foyer de vie, *plexus* solaire du colosse [1]. Les buttes du Roule et de Chaillot seront ses *flancs*. J'y placerai la Banque et l'Université, les halles et les imprimeries.

« Autour de l'arc de l'Étoile, depuis la plaine

---

[1] Plus loin, ce temple est décrit, comme la ville, dans le plus grand détail. De même que Paris est un *homme*, son temple est une *femme!*

de Monceaux jusqu'au parc de la Muette, je sèmerai en demi-cercle les édifices consacrés au plaisir des bals, des spectacles et des concerts, les cafés, les restaurants avec leurs labyrinthes, leurs kiosques et leurs tapis de gazon, aux franges de fleurs [1].

« J'étendrai le *bras gauche* du colosse sur la rive de la Seine ; il sera plié en arc à l'opposé du coude de Passy. Le corps des ingénieurs et les grands ateliers des découvertes en composeront la partie supérieure, qui s'étendra vers Vaugirard, et je formerai *l'avant-bras* de la réunion de toutes les écoles spéciales des sciences physiques et de l'application des sciences aux travaux industriels. Dans l'intervalle qui embrassera le Gros-Caillou, le Champ-de-Mars et Grenelle, je grouperai tous les lycées, que ma ville pressera sur sa *mamelle gauche*, où gît l'Université. Ce sera comme une *corbeille* de fleurs et de fruits, aux formes suaves, aux couleurs tendres ; de

---

[1] C'est la *ceinture*, comme le lecteur l'a compris sans doute.

larges pelouses comme des feuilles les sépareront, et fourmilleront de troupes d'enfants comme de grappes d'abeilles.

« J'étendrai le *bras droit* du colosse en signe de force, jusqu'à la gare Saint-Ouen, et je ferai de sa large *main* un vaste entrepôt où la rivière versera la nourriture qui désaltérera sa soif et rassasiera sa faim. Je remplirai ce bras des ateliers de menue industrie, des passages, des galeries, des bazars... Je consacrerai la Madeleine à la gloire industrielle, et j'en ferai une *épaulette* d'honneur sur l'*épaule* droite de mon colosse. Je formerai la *cuisse* et la *jambe droite* de tous les établissements de grosse fabrique; le *pied droit* posera à Neuilly. La cuisse gauche offrira aux étrangers de longues files d'hôtels. La *jambe gauche* portera jusqu'au milieu du Bois de Boulogne les édifices consacrés aux vieillards et aux infirmes. »

Il faut renoncer à poursuivre l'exposé de cette métaphore hardie, que M. Duveyrier continue longtemps encore, avec un flegme de plus en plus stupéfiant, sans même s'apercevoir que son ingénieuse distribution ramènerait Paris, à force de progrès, jusqu'à cette époque du moyen âge où chaque industrie, chaque branche de commerce était parquée dans le même quartier. On ne pense pas à tout, et l'*harmonie* jouerait là un vilain tour aux habitudes et aux nécessités d'une grande ville. Il serait très-commode sans doute pour les environs de la gare Saint-Ouen d'avoir tous les bazars et les ateliers de menue industrie sous la main, mais cela ne serait nullement commode pour les habitants du quartier latin. Des hauteurs où il plane, M. Ch. Duveyrier rougirait de penser à ces minces détails.

Le *Napoléon apocryphe* de M. Louis Geoffroy (1841), va nous fournir une transition naturelle pour passer du domaine de l'utopie à celui de la raison pratique. On connaît ce curieux ouvrage, où l'auteur, refaisant l'histoire au gré de son audacieuse imagination, a écrit la biographie de Napoléon Ier depuis 1812 jusqu'en 1832, en le menant, à travers vingt années d'une grandeur incessamment accrue, jusqu'au terme logique de sa destinée, c'est-à-dire jusqu'à la conquête du monde et la monarchie universelle. Dans ce rêve gigantesque, conduit par le rêveur avec une dextérité rare, et qui, par moments, arrive à faire illusion, il n'a pas oublié la question de la transformation de Paris, qui préoccupa toujours au plus haut point l'esprit de l'Empereur, et que son neveu, héritier et continuateur de toutes les *idées napoléoniennes*, semble avoir voulu reprendre pour l'achever.

Le Napoléon de M. Geoffroy ouvre donc la magnifique rue Impériale, allant en droite ligne du Louvre à la barrière du Trône, « large partout de quatre-vingts pieds, plantée de quatre rangées d'arbres et bordée dans toute son étendue de palais réguliers et superbes, avec des galeries sous deux lignes d'arcades et de colonnes.... Une rue semblable, de même largeur et de même magnificence, et coupant à peu près à angle droit la rue Impériale, s'étendit depuis Saint-Denis jusqu'à Montrouge ; elle divisait ainsi la capitale en deux moitiés. Cette rue fut nommée la rue Militaire, parce qu'elle conduisait en effet aux deux routes militaires du midi et du nord, et surtout parce que la grande plaine de Saint-Denis, qu'elle traversait, devint un immense Champ-de-Mars, s'étendant d'Aubervilliers à Saint-Ouen et de Paris à Saint-Denis. L'empereur fit défendre et entourer ce grand espace par des fossés larges et revêtus de maçonnerie, dans lesquels des canaux amenèrent les eaux de la Seine. Cette plaine étant dominée par Montmartre, il fit aussi construire sur cette élévation une forteresse.... Ce nouveau Champ-de-Mars avait la forme d'un losange, ayant son diamètre le plus long de Paris à Saint-Denis, et les deux autres angles à Saint-Ouen et Aubervilliers; à ces deux derniers points et à Saint-Denis, d'immenses casernes furent construites pouvant contenir chacune vingt mille hommes. C'étaient comme trois villes militaires gardant une capitale...

« La rue de Rivoli et la Bourse furent achevés.

« Presque toutes les places publiques furent

restaurées et ornées des statues des maréchaux qui étaient morts.... Les bâtiments du quai d'Orsay furent terminés, et une suite d'hôtels réguliers et semblables à ceux de la rue de Rivoli furent construits depuis la rue du Bac jusqu'au pont Louis XVI, et prolongés au delà du Palais du Corps législatif. Ces palais furent réservés aux ambassadeurs des puissances étrangères.... Le quai, depuis le pont Louis XVI jusqu'au pont d'Iéna, fut terminé plus tard avec un grand luxe. On l'appela le quai des Ambassadeurs....

« Les galeries du Louvre étant terminées dans leur entier, les maisons particulières qui existaient dans l'intérieur furent démolies. L'arc de triomphe du Carrousel disparut aussi : « C'est « un jouet d'enfant, » avait dit Napoléon. Ainsi la place du Carrousel s'étendit du Louvre aux Tuileries, et cet espace immense ne fut plus divisé que par la grille qui ferme la cour d'honneur du château.

« On continua l'arc de triomphe de l'Étoile, qui devait être entièrement revêtu de marbre blanc.... Déjà Canova et Chaudet avaient achevé le modèle des deux statues colossales de la Gloire et de la Paix qui devaient, assises et adossées, couronner de leur repos majestueux le gigantesque édifice. » Mais l'empereur fit remplacer le marbre par le bronze provenant des canons pris dans la dernière guerre, et en 1828 ce bronze fut entièrement doré. Les deux colonnes de la barrière du Trône, dans la grande rue Impériale, furent aussi tapissées du bronze de ces canons, et l'on y grava les noms des victoires et des généraux qui s'y étaient le plus illustrés. Le mont Valérien fut taillé en pyramide funéraire, pour servir de Saint-Denis à la dynastie impériale, et sur la place de la Concorde, on éleva la colonne napoléonienne, monolithe de cent quatre-vingts pieds de haut et de vingt pieds de diamètre, en marbre blanc de Carrare, couvert de bas-reliefs qui déroulaient la vie de l'empereur, couronné d'un chapiteau d'ordre corinthien, et d'une statue de Napoléon, en or massif, haute de vingt-huit pieds. »

A la suite de tous ces projets fantastiques, nous

rencontrons enfin l'œuvre très-sérieuse et très-approfondie d'un homme pratique, qui avait évidemment mûri ses vues pendant de longues années, et dont le volume, aujourd'hui encore, pourrait fournir un très-fructueux sujet de méditations à nos édiles. C'est *Paris au point de vue pittoresque et monumental, ou Éléments d'un plan général d'ensemble de ses travaux d'art et d'utilité publique*, par Hippolyte Meynadier (in-8, 1843). L'auteur s'y propose un triple but : l'assainissement, l'embellissement, et les perfectionnements apportés aux voies de communication. Suivant lui, en dehors de quelques rues de second ordre, il suffirait d'ouvrir sur la rive droite quatre grandes artères principales : d'abord la grande rue du Centre, entre les rues Saint-Denis et Saint-Martin, partant de la place du Châtelet pour aboutir au boulevard, mieux encore jusqu'aux murs de clôture de Paris[1], où la perspective serait close par un rond-point au centre duquel s'élèverait

[1] On voit que c'est tout à fait notre boulevard de Sébastopol, avec sa prolongation du boulevard de Strasbourg.

une colonne monumentale ; puis la grande rue de l'Arsenal, se dirigeant du quai des Célestins à la Bourse, en coupant la grande rue du Centre, où elle formerait deux des rayons d'un carrefour hexagone, décoré d'une grande fontaine monumentale; les deux autres rayons seraient formés par la grande rue du Nord-Est, allant du sud-est de la barrière Ménilmontant à l'angle nord-est de la colonnade du Louvre. Enfin la dernière de ces voies serait la grande rue de l'Hôtel-de-Ville, appuyant sa tête au chevet de Saint-Germain-l'Auxerrois et partant de là vers la place de la Bastille. M. Meynadier suit pas à pas le tracé de ces rues, savamment calculé de manière à établir des rapports directs entre des points importants, à rapprocher considérablement les distances, en traversant des rues étroites, obscures, tortueuses, des quartiers populeux et malsains, en dégageant les monuments et en créant de beaux points de vue.

Sur la rive gauche, M. Meynadier indique également d'autres voies de communication de premier et de second ordre, combinées avec le même soin pour déblayer, assainir et animer les divers quartiers. Nous ne suivrons pas le livre dans tous ces développements, non plus que dans les idées qu'il suggère pour la construction d'une grande halle, d'un parc à l'anglaise situé à sept cent cinquante mètres du rond-point des Champs-Élysées, relié à l'Arc de Triomphe et au Bois de Boulogne par de courtes avenues, à la Madeleine par le boulevard Malesherbes (qui était déjà en projet depuis vingt-cinq ans, et sur l'ouverture duquel il insiste beaucoup); pour l'achèvement du Louvre, l'embellissement des Champs-Élysées, du pont Louis XVI, du Champ-de-Mars et de ses alentours, du rampant de Chaillot, où l'empereur avait rêvé d'élever, entre deux vastes parenthèses de colonnes, un rival du Louvre, avec une façade de six cents pieds de large, et que l'auteur voudrait voir couronné d'une flèche triomphale élevant la croix dans les nues, etc., etc.

Dans un des chapitres de son livre, sous le nom de *Stades vertes*, M. Meynadier, devançant encore une des créations de M. Haussmann, indique parmi les améliorations les plus utiles et les moins coûteuses, l'ouverture de petits squares sur différents points des rues de Paris. Dans un autre, il demande l'établissement d'un immense jardin d'hiver, analogue à celui qu'on avait créé il y a quelques années aux Champs-Élysées. Pour subvenir aux frais de ces constructions et de ces embellissements, dont je n'ai pu donner ici qu'une analyse extrêmement sommaire et écourtée, l'auteur dresse un tableau des terrains et bâtiments inutiles, susceptibles d'être aliénés, de manière à « produire soixante-dix millions sans avoir fait tomber un seul monument, » et à pouvoir « élever avec cette somme vingt somptueux édifices, sans qu'il en coûte un centime au contribuable. » Il établit les chiffres et entre dans les plus menus détails, se préoccupant toujours du point de vue pratique, et s'écartant de toute combinaison qui ferait de son travail « un rêve des *Mille et une nuits.* »

M. Meynadier traite toutes ces questions en administrateur, et il vise toujours à l'économie. On entrevoit déjà par où il diffère de M. Haussmann. Il en diffère encore sur plus d'un autre point : il veut qu'on n'abatte aucun édifice recommandé par ses souvenirs et son architecture, que l'on conserve soigneusement à Paris son cachet pittoresque et sa physionomie générale, qu'on ne touche pas aux arbres, qu'on respecte les jardins et les promenades, en se gardant bien d'y bâtir des maisons ou des casernes, sous peine de montrer qu'on n'est que « des barbares et des carriers. » De tous les ouvrages que nous avons rencontrés jusqu'à présent dans cette revue rétrospective, celui-là est assurément le plus complet et le plus sérieux.

Si l'on se rapproche de notre époque, les projets, comme on le juge bien, ne manquent pas non plus. Les travaux de M. Haussmann ont donné l'essor, au moins dans l'origine, à une foule de plans bizarres ou grandioses, possibles ou impossibles, exposés par le moyen de la plume ou du crayon, et qu'il serait trop long d'énumérer les uns après les autres. C'est par exemple M. Hérard, architecte, qui publie en 1855 un projet de passerelles à construire au point de rencontre des boulevards Saint-Denis et de Sébastopol : ces passerelles, à galeries, figurent un carré continu, dont chaque côté est déterminé par l'angle que forment en se croisant les deux boulevards. C'est M. J. Brame, qui expose en 1856, dans une série de lithographies, son plan de chemins de fer dans les villes et particulièrement dans Paris, avec un système de voûtes supportant les rails, de voies de côté pour les piétons et de ponts volants pour mettre ces voies latérales en communication. C'est, toujours en 1856, un ingénieur en chef retraité, M. Beaudemoulin, qui se fait fort d'amener la suppression totale des ruisseaux, des vidanges et de la boue, par des moyens que je me reconnais impuissant à expliquer nettement. A peu près vers la même date encore, un avocat demande, par une *Lettre au ministre du Commerce*, l'établissement d'une série de tentes dans toute la longueur des rues, afin de préserver le piéton de la pluie, du soleil, des intempéries et des miasmes de la voie publique, de le dispenser de prendre une voiture ou un parapluie. Un peu plus tard, un architecte, dont j'ai oublié le nom, propose de reconstruire la Cité tout entière en style gothique, pour la mettre en harmonie avec Notre-Dame, et donner au berceau de Paris une physionomie en rapport avec son antiquité[1].

Mais il est temps de clore cet examen, qui s'est prolongé beaucoup plus que je ne le croyais, malgré mes efforts pour l'abréger et tout ce qu'il me resterait à dire encore. Un fait caractéristique d'ailleurs, c'est le silence et l'abstention où restent généralement aujourd'hui les faiseurs de projets. Ce phénomène paraît illogique, et cependant il est facile à comprendre. Au début des travaux actuels, on les avait vus se le-

---

[1] Je ne parle pas de *Paris moderne, plan d'une ville modèle que l'auteur a appelée Novutopie*, par Couturier de Vienne (1860, in-12) : c'est une fantaisie satirique, qui ne se rattache que de très-loin et très-indirectement à notre sujet.

ver de toutes parts et accourir à l'Hôtel-de-Ville, les mains pleines d'idées; mais ils n'ont pas tardé à comprendre que leurs vues, si grandioses qu'ils les eussent jugées d'abord, étaient bien mesquines en face de la réalité, et qu'ils n'avaient plus qu'à s'effacer humblement devant leur maître à tous, au lieu de s'obstiner, comme des enfants, à venir jeter des verres d'eau à la mer. Ce n'est pas la moindre des victoires de M. Haussmann d'avoir réduit à une stupéfaction muette ces imaginations même dont la fécondité hardie semblait faite pour défier toute concurrence. Si le citoyen Mittié et M. Amédée Tissot revenaient au monde, il ne leur resterait plus d'autre ressource que de répéter avec le poëte :

Mon génie étouffé tremble devant le sien.

TABLE DES MATIÈRES

AVANT-PROPOS 1

PARIS NOUVEAU

I. Coup d'œil général. 10
II. Les rues. Plan stratégique du nouveau Paris. . . . 20
III. L'expropriation pour cause d'utilité publique. — La ville des *nomades*. 45
IV. Les maisons. 59
V. Les squares et les promenades. 78
VI. Les parcs et jardins. 101
VII. Intermède. — Promenade pittoresque à travers le nouveau Paris. 127
VIII. Les monuments. 146
IX. Conclusion. 219

PARIS FUTUR

Paris futur. 251

APPENDICE

I. Les nouveaux noms des anciennes rues de Paris . . 261
II. Un chapitre des ruines de Paris moderne. 290
III. Les précurseurs de M. Haussmann. 306

FIN DE LA TABLE.

www.ingramcontent.com/pod-product-compliance
Lightning Source LLC
Chambersburg PA
CBHW060556170426
43201CB00009B/801